»Himmelssehnsucht« ist ein anschaulicher Essay über Engelsdarstellungen in bildender Kunst und Literatur der Romantik. Er zeigt, dass »Engel« in der Romantik als »Visualisierung des Unsichtbaren« dem Widerstand gegen die Zumutungen der instrumentellen Vernunft und die Bilderfeindlichkeit der Aufklärung entspringen.

Apel setzt literarische und bildkünstlerische Werke der Romantik in vielfache und aufschlussreiche Beziehung und analysiert abschließend die Auseinandersetzung mit der romantischen Engelkonzeption in drei für das 20. Jahrhundert signifikanten Wendungen des »Engels«: dem poetischen Versuch Rilkes in den *Duineser Elegien*, dem bildkünstlerischen Klees in *Angelus Novus* und *Krise eines Engels* und dem theoretischen Ansatz Benjamins in der Figuration seines *Engels der Geschichte*. Darstellungen der im Text erwähnten Kunstwerke illustrieren Apels Thesen.

Friedmar Apel, geboren 1948, lehrt vergleichende Literaturwissenschaft und hat zahlreiche Schriften zur europäischen Kulturgeschichte vorgelegt.

insel taschenbuch 2726
Friedmar Apel
Himmelssehnsucht

Friedmar Apel
Himmelssehnsucht

Die Sichtbarkeit der Engel
Mit zahlreichen Abbildungen

Insel Verlag

Umschlagabbildung:
Wilhelm von Schadow, Mignon 1828. Ausschnitt

Für die Wiedergabe der Werke von Paul Klee:
© VG Bild-Kunst, Bonn 2001

Für Anna

insel taschenbuch 2726
Erste Auflage 2001
Copyright © by Igel Verlag Literatur
Insel Verlag Frankfurt am Main und Leipzig
Vertrieb durch den Suhrkamp Taschenbuch Verlag
Umschlag: Michael Hagemann
Satz: Hümmer GmbH, Waldbüttelbrunn
Druck: Pustet, Regensburg
Printed in Germany

1 2 3 4 5 6 – 06 05 04 03 02 01

Inhalt

Himmelssehnsucht

Die Schöpfung lebt als Genesis
unter der sichtbaren Oberfläche
des Werkes. Nach rückwärts
sehen das alle Geistigen, nach
vorwärts – in die Zukunft – nur
die Schöpferischen.

Paul Klee

Der Göttliche Raphael

Titelkupfer zu »Herzensergießungen eines kunstliebenden
Klosterbruders« von Friedrich W. Bollinger, 1797

Raffaels Erscheinung

Die deutsche Romantik beginnt mit einer Engelserscheinung. Es ist der sanfteste der Thronengel, der Menschenfreund und Heiler, und er erschien dem jungen Wilhelm Heinrich Wackenroder in seinen »Herzensergießungen eines kunstliebenden Klosterbruders« (1796) als Rettung gegen eine von mechanistischer Vernunft zerteilte Wirklichkeit, eine Welt, die sich in der Aufklärung in Maschinerie und Räderwerk verwandelt hatte. Wie jener Raphael des Buches Tobias sollte dieser die Menschen von der Blindheit heilen, freilich von der Blindheit des Verstandes und mit ganz anderen Mitteln: mit Bildern vom Unsichtbaren, das über den Menschen schwebt und zugleich sich in ihrer Seele befindet. Mit dem ersten Kapitel von Wackenroders Büchlein, oder eigentlich schon mit dem Titelkupfer, wurde Raffael zum Genius des frühromantischen »Kunstenthusiasmus«, der nicht weniger erstrebte als eine neue Welt, ein Neusehen der Wirklichkeit. Der alsbald – vor allem von Goethe – als regressiv beurteilte Andachtston von Wackenroders Betrachtungen täuscht leicht darüber hinweg, dass bei Wackenroder die Verständnisgrundlage der aufgeklärten Gesellschaft radikal in Frage gestellt wird. Wenn »die dunkeln Gefühle, welche wie verhüllte Engel zu uns niedersteigen«, als die »echten Zeugen der Wahrheit« bezeichnet werden, so ist damit die aufklärerische Vernunft für Betrug erklärt. Orientierung kann der junge Wackenroder – darin sollten ihm die Frühromantiker folgen – weder im vernunftgegründeten moralischen Gesetz noch im religiösen Dogma finden, sondern allein in der Kunst, in Bildern: »Manche Gemälde aus der Leidensgeschichte Christi, oder von unserer heiligen Jungfrau, oder aus der Geschichte der Heili-

Raffael, Selbstportrait. 1509

gen, haben, ich darf es wohl sagen, mein Gemüt mehr gesäubert und meinem inneren Sinne tugendseligere Gesinnungen eingeflößet als Systeme der Moral und geistliche Betrachtungen.« Was die Aufklärung bewirken wollte, erreicht sie nach Wackenroder mit ihren Mitteln gerade nicht. Dass in Wackenroders Sicht schließlich die Erde allein »durch die Kunst ein gar herrlicher und lieblicher Aufenthalt« werden soll, überschreitet bei weitem die Kompetenzen, die der Kunst in der aufgeklärten Welt zugedacht waren, und so wurde der frühromantische Kunstenthusiasmus unter Berufung auf Kants »Kritiken« alsbald als verrückt und krankhaft diffamiert.

Enthusiasmus als antiautoritärer Affekt

Bei Gelegenheit der Erörterung des Enthusiasmus in der
»Kritik der Urteilskraft« (1790) hatte Kant versucht, die aufklärerische Austreibung der Mythologie zu rechtfertigen, und
sich dabei nicht gescheut, das alttestamentarische Bilderverbot in Anspruch zu nehmen: »Vielleicht gibt es keine erhabe-
nere Stelle im Gesetzbuche der Juden, als das Gebot: Du sollst
dir kein Bildnis machen, noch irgend ein Gleichnis, weder
dessen was im Himmel, noch auf Erden, noch unter der Erden
usw.« Das Bilderverbot beeinträchtigte nach Kant keineswegs die Seelenkräfte des Menschen, und eben »dasselbe gilt
auch von der Vorstellung des moralischen Gesetzes und der
Anlage zur Moralität in uns. Es ist eine ganz irrige Besorgnis,
daß, wenn man sie alles dessen beraubt, was sie den Sinnen
empfehlen kann, sie alsdann keine andere, als kalte leblose
Billigung, und keine bewegende Kraft oder Rührung bei sich
fühlen würde.« Kant gibt vor, der Einbildungskraft gerade
keine Grenzen setzen zu wollen, wenn er verurteilt, dass sie
sich »in Bildern und kindischem Apparat« Hilfe sucht, jedoch
darf sie sich nur in Bahnen bewegen, die vom Verstand ge-
prüft sind. Sonst steigert sie sich zu schädlichem Enthusiasmus oder zum Widersinn, zum Wahn, »über alle Grenze der
Sinnlichkeit hinaus etwas sehen, d. i. nach Grundsätzen träu-
men (mit Vernunft rasen) zu wollen«. Die Idee, das Unsichtbare sehen zu wollen, erscheint Kant als Weigerung, sich des
Verstandes zu bedienen und sich als frei handelndes Wesen zu
begreifen, es ist somit eine Aufkündigung der allgemeinen
Verständnis- und Handlungsbasis, die für Kant mit dem
Wahnsinn, der Geisteskrankheit, vergleichbar ist, eine grundsätzliche Infragestellung der doch eben erst errungenen Ver-

nunftordnung. Die Folgekosten der instrumentellen Vernunft standen freilich dem jungen Berliner Wackenroder, wie übersensibel er gewesen sein mag, in der sozialen Wirklichkeit der Hauptstadt konkreter vor Augen als dem beschaulich lebenden Königsberger. Die Auswirkungen der Verbreitung arbeits- und profitorientierter sozialer Normen, die der preußische Staat aktiv förderte, führten Ende des 18. Jahrhunderts nämlich zuerst in Berlin zu augenfälligen Veränderungen. Dass die Funktionalisierung der Gesellschaft nicht ohne beträchtliche Reibungen verlief, davon zeugt allein schon die Flut von polizeilichen Reglementierungen, die auf die Berliner niederging.

Jedenfalls nutzten Kants Warnungen ebenso wenig wie die wiederholten Interventionen Goethes und Johann Heinrich Meyers gegen die »Klosterbruderische Kunstmaxime«, wie es Goethe spöttisch nannte. Jener Kunstenthusiasmus, der die Wahrheit hinter der Erscheinung suchte, verbreitete sich wie ein Lauffeuer. Das beschränkte sich keineswegs auf idealistische junge Literaten und Künstler, z. B. erlebte auch der protestantische Naturwissenschaftler Henrik Steffens eine solche auf das Spätmittelalter sich berufende enthusiastische Ansteckung. In seinen »Lebenserinnerungen aus dem Kreis der Romantik« schreibt er: »Mir selbst war die Bewegung der Zeit keineswegs fremd. Auch mir erschien diese Zeit der großen Kämpfe, der herrlichen Gesänge, der tiefen Andacht bewunderungswürdig und überschwenglich reich. [...] ich konnte mich wohl in dem Sinne der überschwenglichen Jugend als einen Geweihten betrachten, dem die Madonna erschienen war.« Es ist eben dieser Steffens, der an dieser Stelle auf den Zusammenhang des Kunstenthusiasmus mit der Sinnlichkeit aufmerksam macht, den man in mehr oder weniger verdeckter Form in den Zeugnissen immer wieder auffindet: »In der stillen Treue, in der Demut der Gesinnung, in der einfachen Äußerung einer tiefen Andacht, die allen Prunk vermied, wie sie sich in der älteren deutschen und vaterländischen Kunst darstellte, erkannte man jene stille, sanfte und ruhige Richtung des Daseins, durch welche die Geschichte selbst die Sinnlichkeit nicht verdrängte, aber reinigte und verklärte.« Für den sinnlichen Goethe aber blieb dergleichen Regression. Rückblickend notiert er 1813 resigniert: »Die sämtliche Jugend war dadurch entzündet, und die Deutschen erlebten dabei das einzige und vielleicht bei keiner andern Nation mögliche Schauspiel, daß die Künstler allen hergebrachten Vorteilen einer ausgebildeten Kunst entsagten und in den Schoß der Mutter zurückzukehren sich bemühten und eine wahrhafte Wiedergeburt abzuwenden.«

Was Goethe nicht sehen konnte oder wollte, war, dass der romantische Enthusiasmus sich keineswegs in die Unmündigkeit zurücksehnte, sondern spezifisch auf die Erfahrung einer Entwirklichung der Realität reagierte, sich dem Normierungsdruck einer angeblich allgemein gültigen Vernunft aber zunächst nur innerhalb eines symbolischen Kommunikationsmediums entziehen konnte, das gleichwohl gesellschaftlich oder sogar politisch neue Handlungsspielräume erschließen sollte. Dass die romantischen Blütenträume von einer ganzheitlichen Weltsicht so schnell welkten, dass die Schere zwischen künstlerischer und bürgerlicher Wahrnehmung und Lebensorganisation sich in der Folgezeit immer weiter auftat, mag man je nach Standpunkt begrüßen oder bedauern, als Korrektiv instrumenteller und einsinniger Vernunft haben romantische Gedankengänge immer wieder ihre Wirkung getan. Gerade der romantische Eigensinn, das Unsichtbare sehen zu wollen, markiert, wie Hans Blumenberg in »Die Lesbarkeit der Welt« zeigt, »etwas vom Anwachsen der Bedürfnisse, denen gerade im Jahrhundert der empirischen Triumphe zu genügen war [...]. Wahrzunehmen, daß das Universum der neuzeitlichen Wissenschaft immer noch – ja im Maße ihrer Erfolge immer mehr – gedachtes, als in Erfahrungsgehalt, Erlebnisfähigkeit, Realitätsbewußtsein, Orientierung und Differenzierung umgesetztes oder noch umzusetzendes Universum war, dazu gehörte ein dem Wissenschaftsprozeß nicht völlig integrierter geschichtlicher Vorgang [...].« Dass als Bildarsenal des Nichtintegrierten offenbar nur ein geschichtsphilosophisch ästhetisiertes Christentum zur Verfügung stand, mag man angesichts der historischen Belastung wie Goethe und Kant ärgerlich finden, es sollte aber nicht zu Kants Kurzschluss verführen, es sei per se der Wunsch nach freiwilliger Rückkehr in die Unmündigkeit unter der finsteren mittelalterlichen Kirchenherrschaft.

Kant unterstellt nämlich in der »Kritik der Urteilskraft« von vornherein, dass Bilder im Interesse von Herrschaft sind: »Daher haben auch Regierungen gern erlaubt, die Religion mit dem letztern Zubehör reichlich versorgen zu lassen, und so dem Untertan die Mühe, zugleich aber auch das Vermögen zu benehmen gesucht, seine Seelenkräfte über die Schranken auszudehnen, die man willkürlich setzen, und wodurch man ihn, als bloß passiv, leichter behandeln kann.« Das ist eine zumindest historisch höchst fragwürdige These. Bilderverbot und Beförderung der Bilderverehrung als symbolische Handlungen zur Herrschaftssicherung sind in der Geschichte oft genug austauschbar gewesen. In Byzanz z.B. sahen Leo III. und Konstantin V. unter Berufung auf das Alte Testament im religiösen Enthusiasmus der Bilderverehrer eine Gefahr für die Ordnung, bereits Leo V. und schließlich Irene II. ging die entgegengesetzte Leidenschaft der Bilderstürmerei zu weit; so hatte sich in nur einem halben Jahrhundert (zwischen 730 und 787) der Zusammenhang umgekehrt. Dass eine Entsinnlichung und Vernunftbegründung der Religion selber Instrument der Effektivierung von Herrschaft werden kann, hätte

C.D. Friedrich, Das Kreuz im Gebirge. 1807/08

Kant schon aus der Bilderfeindschaft des Calvinismus ablei-
ten können, in die protestantisch geprägte Ideologie des Preu-
ßentums ging es verdeckt ein. So hielt Friedrich II. trotz seiner
persönlichen Ablehnung der Religion den Protestantismus
ungeachtet seiner bilderfeindlichen Haltung (die allerdings
wie fast alle Bilderverbote nicht rigide praktiziert wurde) für
einen Ordnungsfaktor: »Daß die Schulmeister auf dem Lande
die Religion und die Moral den jungen Leuten lehren, ist recht
gut, und müssen sie davon nicht abgehen, damit die Leute bei
ihrer Religion hübsch bleiben und nicht zur katholischen
übergehen, denn die evangelische Religion ist die beste und
weit besser als die katholische; darum müssen sich die Schulmeister Mühe geben, daß die Leute Attachement zur Religion
behalten und sie soweit bringen, daß sie nicht stehlen und
morden«. So wird auf der Seite der Herrschaft die Religion
als Disziplinierungssystem gesehen, auf der Seite der jungen,
zumeist bürgerlichen Künstler deren ästhetisierte Form aber
als Medium, in dem man der Reglementierung entkommen
kann.

Ganz im Gegenteil zu Kants Vermutung scheint es so zu
sein, dass die aufgeklärten Inhaber der Macht gerade den
Kunstenthusiasmus mit Unbehagen betrachteten. Das berühmte Pamphlet des preußischen Kammerherrn und Diplomaten Basilius von Ramdohr gegen C. D. Friedrichs Bild
»Das Kreuz im Gebirge« (»Über ein zum Altarblatt bestimmtes Landschaftsgemälde von Herrn Friedrich in Dresden, und
über Landschaftsmalerei, Allegorie und Mystizismus überhaupt«) von 1808 ist nicht nur eine Bildkritik, sondern weitet
sich zu einer Vorwärtsverteidigung der aufklärerischen Ordnung aus. Ramdohr ärgert zunächst der Eigensinn Friedrichs:
dieser habe den Grundsätzen der akademischen Kunstlehre
»in seinem Altarblatt geradezu und recht absichtlich entge-
gengehandelt«. Bewusst oder unbewusst sieht Ramdohr die

aufklärerische Weltsicht und ihre lichtbringende Wirkung selbst in Frage gestellt: »ja! was das Schlimmste ist, er hat sogar eine Finsternis auf der Erde verbreitet, und sich dadurch alle die günstigen Wirkungen entzogen, welche der Zufluß des Lichtes darbieten kann«. So fürchtet Ramdohr, dass Friedrichs Bild einen Enthusiasmus der schädlichen Art hervorrufen könne, nämlich »die Erregung eines affektvollen Zustandes in dem Beschauer«, worin Ramdohr mit Kant eine die Sinne verwirrende Infragestellung der vernunftgegründeten Weltsicht sieht. Deshalb ärgert ihn »die geheime Bedeutung«, die er in dem Bild vermutet, er erkennt darin jenen »Mystizismus, der jetzt überall sich einschleicht, und aus Kunst wie aus Wissenschaft, aus Philosophie wie aus Religion, gleich einem narkotischen Dunste, uns entgegenwittert«. Diese Ordnungsängste scheinen sich schließlich in die Nähe der Hysterie zu steigern, wenn Ramdohr in Friedrichs Bild »die unglückliche Brut der gegenwärtigen Zeit und das schauderhafte Vorgesicht der schnell heraneilenden Barbarei« erkennen will. Friedrich selbst hat diesen Satz Ramdohrs so fortgesetzt, dass er als Standpunkt der preußischen Militärmacht kenntlich werden soll: »verachtend mit Füßen tretend alle Regeln, alle Ketten, alle Banden, womit man den Geist fesseln und auf der gebahnten Heerstraße erhalten will«. Es ist sehr erstaunlich, wie deutlich dem scheu und zurückgezogen lebenden Friedrich der Zusammenhang mit dem Reglementierungsproblem in der funktionalisierten Gesellschaft war.

Ramdohr aber war bereits für den protestantischen, preußischen Beamtensohn Wackenroder ein Gegner gewesen. Er zählte ihn in den »Herzensergießungen« zu jenen, »welche das Himmlische im Kunstenthusiasmus mit Hohnlachen gänzlich ableugnen, und durchaus keine besondere Auszeichnung oder Weihe gewisser seltener und erhabener Geister annehmen wollen, weil sie sich selber allzu entfernt von ihnen fühlen«. So wird bereits bei Wackenroder klar, was die junge Generation am Ende des aufklärerischen Zeitalters in der Erfahrung und Darstellung des Himmlischen suchte: Befreiung von den Zwängen zu normgerechtem Verhalten, die Gewinnung einer von keiner Obrigkeit zu bevormundenden Erfahrung in einem symbolischen Kommunikationsmedium.

Der Himmel in Herz und Sinnlichkeit

Die durchaus säkulare Himmelssehnsucht der Romantik zeigt sich auch in Tiecks Roman »Franz Sternbalds Wanderungen« (1797), in dem die mit Wackenroder gemeinsam entwickelte Kunstauffassung fiktional zum Kommunikationsmedium von Subjekten gestaltet wird, die, aus welchen Gründen immer, im Gesellschaftlichen und Politischen keine Verwirklichungsmöglichkeiten sehen können. Wo Franz Sternbald die Darstellung des Unsichtbaren vorschwebt, fehlt nur sehr selten der Hinweis auf jene Welt der Unfreiheit des Geistes, der man entkommen will. Franz hat Nürnberg kaum verlassen und ist von seinem Freund Sebastian verabschiedet worden, da holt ihn in der Gestalt eines Schmieds das Nützlichkeitsprinzip der Gesellschaft schon wieder ein: »›Und könnt Ihr Euch denn davon ernähren?‹ fragte der Schmied. ›Ich hoffe es‹, antwortete Franz, ›daß mich die Kunst durch die Welt bringen wird‹ / ›Aber im Gründe nützt doch das zu nichts‹, fuhr jener fort. / ›Wie man es nimmt‹, sagte Franz und war innerlich über diese Rede böse.« Das Ironische daran ist allerdings, dass der Handwerker eine Position vertritt, die sich Ende des 18. Jahrhunderts in Preußen gegen ihn selbst richtete, da sich nämlich das Handwerk selbst der effektiveren Arbeitsorganisation des aufkommenden Manufakturwesens zu erwehren hatte. Besonders in Berlin führte das zu sozialen Umschichtungen, die Wackenroder und Tieck nicht übersehen konnten. Für Franz aber sind Bildvisionen zuallererst Zufluchtsräume einer sich abgespalten fühlenden Innerlichkeit, die negativ dennoch an die alltägliche, ja die politische Erfahrung gebunden bleiben. »Du glaubst nicht«, schreibt Franz an den in Deutschland zurückgebliebenen

Freund, »wie gern ich jetzt etwas malen möchte, was so ganz den Zustand meiner Seele ausdrückte und ihn auch bei andern wecken könnte. Ruhige fromme Herden, alte Hirten im Glanz der Abendsonne und Engel, die in der Ferne durch Kornfelder gehen, um ihnen die Geburt des Herrn, des Erlösers, des Friedefürsten, zu verkündigen. Kein wildes Erstarren, keine erschreckten, durcheinandergeworfenen Figuren, sondern mit freudiger Sehnsucht müßten sie nach dem Himmlischen hinschauen, die Kinder müßten mit ihren zarten Händlein nach den goldenen Strahlen hindeuten, die von den Botschaftern ausgehen. Jeder Anschauer müßte sich in das Bild hineinwünschen und seine Prozesse und Plane, seine Weisheit und seine politischen Konnexionen auf ein Viertelstündchen vergessen.« Vom Schrecken der alttestamentarischen Engelserscheinungen möchte Franz bezeichnenderweise nichts zeigen, vielmehr will er dem Diesseitigen einen Zukunftssinn geben, möchte die Welt als bildbare zeigen. So werden die Engel zu Symbolen versagter Begehrung, von Wünschen, die die aufgeklärte Welt ins Irrationale verbannt hatte.

Bestimmte Begehrungen aber lassen sich deutlicher ausmachen. Immer wieder ist bei den Romantikern die Sehnsucht nach dem Unsichtbaren und Göttlichen verklammert mit Liebe, Erotik und Sexualität. Hier bleibt die Romantik mehr oder weniger zwanghaft an die Aufklärung gebunden (in der gerade Tieck ohnehin mit einem Bein noch steht), die insbesondere im Schauerroman die Sexualität als entscheidende Triebkraft menschlichen Handelns entdeckt hatte. Nicht zufällig war es in Mathew Gregory Lewis' legendärem Schauerroman »The Monk« (im interessanten Gegensatz zu Wackenroders mehr oder minder frommem Büchlein ebenfalls 1796 erschienen) ein Gottesmann, um den herum sich der Zusammenhang von Liebe, Fleischeslust, sichtbaren und unsichtbaren Mächten aufdeckt. Für die schwarze Romantik wurde er zum Prototyp des aus der göttlichen Ordnung gefallenen Subjekts. Allerdings konnten schon klassische theologische Engellehren oft ihre Genese aus der erotischen Anfechtung nicht verleugnen. Die »Keuschheit der Engel«, ihre reine Geistigkeit, Geschlechtslosigkeit und Unkörperlichkeit scheint bereits bei Thomas v. Aquin gegenbildlich konzipiert. Schon sein erster Biograph, Wilhelm von Toco, beschäftigt sich ausführlich mit einem mystischen Erlebnis, das Thomas hatte, nachdem er der sexuellen Anfechtung durch ein hübsches Mädchen widerstand. Ihm erschienen nämlich Engel, die ihn mit einem Keuschheitsgürtel ausstatteten. Diese Umgürtung ging aber dem Bericht nach mit heftigem körperlichen Schmerz einher. So heißt es schließlich: »O Glücklicher, dem die Gesellschaft der Engel nicht versagt ward, als er mit Keuschheit gegürtet wurde, und der um seiner Reinheit willen wert war, engelgleich (angelicus) zu werden, der als Irdischer um seine Jungfräulichkeit kämpfte.« Dies zeigt wie andere Episoden auch, wie die Engel als leuchtende Umkehrung der Mythen des gefallenen Fleisches und Vertreibung der schwarzen Schatten des Geschlechtsakts erscheinen können, der als die tiefste Ursache einer Unbehagen verursachenden Verstrickung ins Weltliche erscheint. In seinem schönen Buch »Die Keuschheit der Engel« hat Peter Brown gezeigt, wie untrennbar diese Problematik mit der Geschichte des frühen Christentums verknüpft ist.

Franz Sternbald aber hat nicht vor, engelgleich zu werden, jedenfalls nicht im Sinne des hl. Thomas, und Tieck lässt die Ambivalenz von Sinnlichkeit, Geistigkeit und Freiheitsdrang in Sternbalds Bildvisionen immer wieder durchscheinen: »Auf eine fast magische Weise, zauberisch oder himmlisch (denn ich weiß nicht, wie ich es nennen soll), ist meine Phantasie mit dem Engelsbilde angefüllt, von dem ich Dir schon so oft gesprochen habe. Es ist wunderbar. Die Gestalt, die Blicke, der Zug des Mundes, alles steht deutlich vor mir und auch wieder nicht deutlich, denn es dämmert dann wie eine ungewisse, vorüberschwebende Erscheinung vor meiner Seele, daß ich es festhalten möchte und Sinne und Erinnerung brünstig ausstrecke, um es wirklich und ehrlich zu gewahren und zu meinem Eigentum zu machen.« Aber auch an dieser unverstellt auf Erotik zielenden Stelle fehlt nicht der Verweis auf die Unfreiheit, freilich hier als rein geistiges Problem formuliert: »Der Geist ist in ewiger Arbeit, im rastlosen Streben, sich aus den Ketten aufzurichten, die ihn im Körper zu Boden halten.« So dokumentiert die Wiedererscheinung der Engelwelt im Medium der romantischen Kunst etwas von den seelischen Kosten der heraufdämmernden funktionalistischen Gesellschaft. Zwischen einem quälenden Bedürfnis nach Vollkommenheit und körperloser Reinheit und dem brünstigen Wunsch nach der Wärme und Zartheit des menschlichen Fleisches wird der Engel, wird die Welt des Unsichtbaren zur Seelenchiffre, an der sich die Befindlichkeit des Individuums, seine zeitliche Situierung entziffern lässt. Ob es sich dabei um Wegweisungen handelt oder um Notsignale, ist die Frage, die an die Kunst immer wieder gestellt werden muss.

Weder der Lutheraner Franz Sternbald noch der Katholik Ludoviko, den Sternbald als Bruder ins Herz schließen möchte, weil er wie selbiger die Einsamkeit und Leere des Herzens kennt, lässt sich dabei zum Gedanken einer regressiven Erneuerung der Schutzmächte Kirche und Religion hinreißen, wie es Goethe und Kant unterstellten: »Der ewige Strom voll großer Bilder und kolossaler Lichtgestalten trocknet aus, die dürre, gleichgültige Welt bleibt zurück, und einzeln, zerstückt und mit ohnmächtigen Kämpfen muß das wieder erobert werden, was verloren ist, das Reich der Geister ist entflohen, und nur einzelne Engel kehren zurück.« Die Vereinzelung des Subjekts wird als vollendete Tatsache erkannt, eine Restitution kann nur bei ihm ansetzen, nicht bei den Institutionen.

Die Wiederkehr der Geisterwelt

Die ästhetische Wiedergewinnung der Geisterwelt als einer Jenseitigkeit des Gegenwärtigen und einer Diesseitigkeit des Himmels wird in der Frühromantik zum geschichtsphilosophischen Programm, und es ist sicher kein Zufall, dass dieses Programm eben in der Phase der Bewusstseinsentwicklung auf die Tagesordnung kommt, die Hans Blumenberg als »Öffnung der Zeitschere« charakterisiert hat. Die säkulare Himmelssehnsucht der Romantiker entwickelt sich im Bewusstsein einer zunehmenden Unvereinbarkeit von »Weltzeit und Lebenszeit«, der geschichtlichen Erfahrung einer Nichtidentität der himmlischen und menschlichen Zeitverläufe. Die naturwissenschaftliche Trennung der Himmelszeit von der irdisch erfahrenen Zeit in einer immer abstrakter werdenden Himmelslehre erzeugte offenbar ein Bedürfnis nach Zukünftigkeit, bei Franz Sternbald eine sich von vornherein auf Unerfüllbarkeit vorbereitende Sehnsucht, die als Ästhetikum, aber auch als schmerzhaft, als Unlust erfahren wird. Geschichtsphilosophisch gesprochen als Maß der Entfernung vom verlorenen wie vom wiederzugewinnenden Paradies. Als Kompensation entwickelte sich als Veränderung der Geschichtserfahrung auf der einen Seite das, was Blumenberg »Beschleunigung der Zukunft« genannt hat, zum anderen als ästhetische Revidierung des Aufklärungsprozesses die Wiedergewinnung einer Bildlichkeit des Jenseitigen, die es ermöglichen sollte, das Unsichtbare oder unsichtbar Gewordene sichtbar zu machen.

Für Kant gehörte die Einsicht in das Auseinanderklaffen von Weltzeit und Lebenszeit in der »Kritik der praktischen Vernunft« noch zu den Erfahrungen, die »das Gemüt mit immer neuer und zunehmender Bewunderung« erfüllen, es ist eine erhabene Erfahrung: »Der erstere Anblick einer zahllosen Weltenmenge vernichtet gleichsam meine Wichtigkeit, als eines *tierischen Geschöpfs*, das die Materie, daraus es ward, dem Planeten (einem bloßen Punkt im Weltall) wieder zurückgeben muß, nachdem es eine kurze Zeit (man weiß nicht wie) mit Lebenskraft versehen gewesen.« Zumal diese erhabene Erfahrung einer Wertminderung ausgeglichen wird durch das Erlebnis des moralischen Gesetzes im Menschen, die ihm »ein von der Tierheit und selbst von der ganzen Sinnenwelt unabhängiges Leben offenbart«. Kant war überzeugt, dass jene »klare und für alle Zukunft unveränderliche Einsicht in den Weltbau« der Einbildungskraft und also der Kunst nicht schadet, dass sie vielmehr gerade da, wo die Sinne nichts erfahren, angeregt wird. Eben dort aber hat man sich vor der Gefahr eines Enthusiasmus zu hüten, der über die Grenzen der Sinnlichkeit hinaus etwas sehen will und dann, was den Himmel angeht, in »Swedenborgschem Unsinn« die Vernunftkräfte verschleudert, die man in der Wirklichkeit dringend benötigt. So ist eher die Begrenzung der Phantasie und der Gemütskräfte ein Problem für Kant, nicht deren Befreiung.

Der Idealismus der Frühromantik denkt sich dagegen das Verhältnis von Innen und Außen, damit von Sichtbarkeit und Unsichtbarkeit wesentlich anders. In Friedrich Schlegels »Rede über die Mythologie« von 1800 erscheint es von vornherein als Problem der modernen Kunst, dass es ihr an »einem festen Halt«, »nämlich an einem Himmel« gebricht. So werden die beiden vorrangigen Fragen für den modernen Künstler in deutlichem Widerspruch zu Kant formuliert: »Soll die Kraft der Begeisterung auch in der Poesie sich immerfort einzeln versplittern und wenn sie sich müde gekämpft hat gegen das widrige Element, endlich einsam verstummen? Soll das höchste Heilige immer namenlos und formlos bleiben, im Dunkel dem Zufall überlassen?« Schlegel will den Idealismus nun gerade zu einem Realismus weiterentwickeln. Das beruht auf der Überzeugung, dass die äußere Welt im Innern des Menschen, des Künstlers wiedergefunden werden kann. Mythologie als umfassende und ganzheitliche Welterklärung kann »sich nur aus der innersten Tiefe des Geistes wie durch sich selbst herausarbeiten«, ganz analog ist der Idealismus »gleichsam wie aus Nichts entstanden«. Will er Realismus werden, so muss ein Organ gefunden werden, das es erlaubt, »die fernste Zukunft« in der gegenwärtigen Bildung zu erkennen. Nicht länger ist es die Aufgabe der Kunst, das Sichtbare darzustellen, sondern sie muss das Unsichtbare sichtbar machen als eine notwendige Zukunft. »Das bloße Darstellen von Menschen, von Leidenschaften und Handlungen macht es wahrlich nicht aus, so wenig wie die künstlichen Formen; [...]. Das ist nur der sichtbare äußere Leib, und wenn die Seele erloschen ist, gar nur der todte Leichnam der Poesie. Wenn aber jener Funken des Enthusiasmus im Werke ausbricht, so steht eine neue Erscheinung vor uns, lebendig und in schöner Glorie von Licht und Liebe.« Was sonst als eine Engelserscheinung.

So besteht der Zweck der Rückgewinnung der Geisterwelt als neuer Mythologie vor allem darin, den Menschen zurück in die Universalzeit zu setzen, die Lücke zwischen Weltzeit und Lebenszeit symbolisch zu schließen: »Mich däucht wer das Zeitalter, das heißt jenen großen Proceß allgemeiner Verjüngung, jene Principien der ewigen Revoluzion verstünde, dem müßte es gelingen können, die Pole der Menschheit zu ergreifen und das Thun der ersten Menschen, wie den Charakter der goldnen Zeit die noch kommen wird, zu erkennen und zu wissen. Dann würde das Geschwätz aufhören, und der Mensch inne werden, was er ist, und würde die Erde verstehen und die Sonne.« Es waren fürwahr nicht die kleinsten Erwartungen, die im Programm der Frühromantik gehegt wurden.

In der Idee einer neuen Mythologie verdichtet sich die frühromantische Zeiterfahrung, sie enthält im Kern das ganze romantische Programm einer Temporalisierung der Wahrnehmung, einer Rettung der Welterklärung durch Verzeitlichung. Ursprung ist dabei das, was wiederkommen wird, Enthusiasmus aber die Kraft, die die Phantasie auf das zubewegt, was sie selbst ermöglicht: Zukünftigkeit. Dass dies auf ein nie erfülltes und nie zu erfüllendes Bevorstehen hinauslaufen kann, dieser Gedanke war den Romantikern bei aller Zukunftsfreudigkeit allerdings nicht fremd, schon Franz Sternbald wusste darum.

Geschichtsphilosophie des Neuen

Als Grundlage einer solchen neuen Mythologie stand etwas anderes als die christliche Text- und Bildwelt um 1800 nicht mehr zur Verfügung. In seinem Studium der griechischen Kunst und Literatur war gerade Friedrich Schlegel schon 1796 zur Erkenntnis der Unwiederbringlichkeit und Uneinholbarkeit des Griechentums und seiner Kunstkonzeption vorgedrungen. Das Griechentum war für ihn in der Geschichte verschlossen. Das Christentum dagegen kannte von Anfang an den Begriff des Neuen, setzte sich der kreisförmigen Geschichtsauffassung des »Heidentums« als zukunftsorientierte Religion per se entgegen. Die umfassendste Bedeutung erhielt der Gedanke des Neuen, symbolisiert in der Auferstehung Christi, in der protestantischen Tradition in Luthers Übersetzung der Paulusbriefe. Er ist schon bei Paulus von vornherein mit der Auslegungsproblematik und daher mit einem bestimmten Interesse verknüpft: um die Ausbreitung des Christentums bei den Nichtjuden zu fördern, musste die Freiheit vom Gesetz erklärt werden, welches daher nach Paulus mit der Auferstehung endigt. Da Christus durch die Auferstehung bewiesen hatte, dass er der Messias ist, konnte die Zeit des Gesetzes zu einer überwundenen Stufe des Heilsplans erklärt werden. So soll der Christ nunmehr »dem neuen Wesen des Geistes« und nicht dem »alten Wesen des Buchstabens« dienen. Luther wird diese Stellen von seinem reformatorischen Interesse her mit besonderer Aufmerksamkeit übersetzt und interpretiert haben, wie sich ja Wilhelm Dilthey zufolge Hermeneutik, Lehre vom Verstehen, immer nur unter einer großen geschichtlichen Bewegung Bedeutung verschafft, die das Verständnis des singulären geschichtlichen Daseins zu einer dringenden Angelegenheit macht. Solche Epochenbrüche oder Übergangsphasen, die gleichzeitig Hochzeiten der Auslegung waren, wird man in der Spätantike, der Reformation bzw. Renaissance und eben im späten 18. Jahrhundert erblicken dürfen.

Über den agitatorischen Zweck hinaus verknüpft Paulus bzw. Luther den Gedanken des Neuen und Zukünftigen aber mit einer weiter ausgreifenden Interpretation der Auferstehung und des Wesens Christi als Prinzip der Freiheit. In metaphorischer Auslegung der Auferstehung soll der Mensch in einem »neuen Leben wandeln«. So erscheint die Auferstehung als exemplarisch für die Verwandlung des Alten ins Neue. Christus selbst existiert nicht mehr in seiner alten Gestalt, er ist geistiges Prinzip geworden: »Darum ist jemand in Christo / so ist er eine neue Creatur / Das alte ist vergangen / sihe / es ist alles neu worden.« Bereits bei Paulus wird tendenziell die Möglichkeit einer Loslösung von den Gebundenheiten des Natürlichen und Hergebrachten durch Bewusstseinsveränderung erwogen: »verändert euch durch verneuerung euers sinnes«. Diese Maxime der inneren Verwandlung statt gewaltsamer Veränderung wurde schon Luther auch zum politischen Prinzip. Hegels Geschichtsphilosophie sah hierin den Grund, warum in Deutschland die Aufklärung trotz ähnlicher geistiger Ausrüstung nicht in die Revolution führte.

Schon die Geschichtstheologie des Augustinus musste ein Prinzip der Freiheit als Zukünftigkeit postulieren, da die »gottlose Lehre von den nutzlosen Kreisläufen«, wie sie die antike Philosophie vertrat, überwunden werden sollte. Um die Ansprüche des Christentums zu legitimieren, muss sich bereits Augustinus mit der Frage nach der Sichtbarkeit des Unsichtbaren beschäftigen. Zwar sind die sichtbaren Gemeinschaften von Kirche und Staat von den unsichtbaren Reichen des Gottes- und des Teufelsstaates getrennt, auf der anderen Seite erscheint jedoch der Gottmensch als Stifter des Gottesstaates auf Erden, so dass die Identität des Sichtbaren und des Unsichtbaren, die Einheit von natürlichem Staat, Gottesstaat und Weltstaat zum politischen Ideal des Mittelalters werden konnte. Je mehr Augustinus politische Notwendigkeiten in sein Denken hereinnahm, desto enger rückten Geist und Materie, Sichtbares und Unsichtbares aneinander. Trotz dieser Ansätze bei Augustinus konnte sich die christliche Geschichtstheologie nie ganz von antiken Gestaltvorstellungen lösen, so dass sich ein Begriff von qualitativer historischer Veränderung und Differenz nicht bilden konnte, wie überhaupt für Augustinus das Differente nur das Zufällige und Vorläufige war. Bernhard Lang und Coleen McDannell drücken das in ihrer Kulturgeschichte des Ewigen Lebens, die unter dem so schönen wie einfachen Obertitel »Der Himmel« steht, so aus, dass präzise erkennbar wird, an welcher Stelle der Zusammenhang in den Augen der Romantiker geschichtsphilosophisch entwicklungsbedürftig war: »Verschiedenheit bedroht Frieden und Eintracht und kann stets zu Auseinandersetzung und Streit führen. Im Himmel wird alle Vielfalt ausgelöscht sein, denn alle Menschen werden ›vollständig und vollkommen‹ vereinigt sein. In der Gegenwart Gottes verschwinden alle Unterschiede.«

In der Differenzierung des Newtonschen Weltbilds wurde zwar das Geisterreich beseitigt, das universalistische Harmoniemodell jedoch eher bestätigt als in Frage gestellt, so dass auch hier die Ansätze zu einer Geschichtsphilosophie im modernen Sinne noch blockiert blieben. Das Erstaunen über die Ordnung und Regelhaftigkeit der Naturzusammenhänge, die die entstehenden Naturwissenschaften erwiesen, konnte zunächst nur zu dem Gedanken führen, dass es im Prinzip auch in der menschlichen Sphäre so sinnvoll und vernünftig hergehen sollte wie in der Natur. Alle Regeln der Fortentwicklung konnten daher nur naturgesetzlich gedacht werden. Noch in Kants Schrift »Zum ewigen Frieden« (1795) ist es bei aller Einsicht in die Verschiedenheit von Kulturphänomenen letztendlich »die große Künstlerin Natur«, die dafür einsteht, dass es zum Frieden mit Notwendigkeit kommen muss. Erst jener Zusammenhang von »Kritik und Krise«, den Reinhart Koselleck beschrieben hat, brachte, zunächst in der Sphäre von Literatur und Kunst, eine prozessuale Anschauung des Geschichtlichen hervor. Die ins Diesseitige gewendete Himmelssehnsucht, der progressive Enthusiasmus der Frühromantiker mag dem Wissenschaftsprozess nicht integrierbar sein, er wirkte gleichwohl erkenntnisbildend, hatte seinen Anteil an einer bestimmten Erlebnisfähigkeit, die als Temporalisierung und Beschleunigung, als Ansatz zu ganzheitlichem Denken, zu einem »Wandel kultureller Selbstverständlichkeiten« nicht weniger beigetragen hat als – wie von Wolf Lepenies in »Das Ende der Naturgeschichte« beschrieben – die »Veralltäglichung des Außerordentlichen«, die um 1800 durch die Naturwissenschaften stattfand.

Lust auf Bilder, Engel

Schon von den Personen her lässt sich das gar nicht trennen. Einige von denen, die Lepenies als Protagonisten der Veränderungen in den Naturwissenschaften nennt: der Naturforscher Henrik Steffens, der Nervenarzt Johann Christian Reil, der Biologe und Gynäkologe Carl Gustav Carus und der Naturphilosoph Schelling u. a. m., gehörten, wie am Beispiel Steffens' schon angedeutet, selbst zu den von Wackenroder Infizierten. Von Steffens ist eine eigentümliche Erinnerung überliefert, die das Bilderverbot des aufklärerischen Klassifikationsdenkens und die romantische Bildersehnsucht bewusst oder unbewusst in ein Verhältnis setzt. Steffens studierte 1789 in Kopenhagen Naturgeschichte bei einem der letzten Schüler Carl von Linnés, der das klassifikatorische System der Pflanzenbestimmung weiterentwickelt hatte. Wenn dieser sah, daß die Studenten »bei der Bestimmung von Pflanzen, weil uns die Linnéische Beschreibung in den technischen Ausdrücken nicht geläufig war, etwa Abbildungen zu Hülfe nahmen, dann wies er uns jederzeit streng zurecht. ›Hier ist das Buch‹, sagte er dann, und gab uns den Linné; ›die Pflanze ist hier beschrieben, hier muß sie aufgesucht werden, Kinder amüsieren sich mit Bildern‹.« Hier zeigt sich, dass die Kantsche Kritik an der Bilderverehrung rationalistisches Allgemeingut war. Wenngleich es sich dabei um eine Anekdote handeln mag, so zeigt sich darin dennoch genau, wogegen sich die Romantiker zur Wehr setzen mussten oder wollten.

Steffens gehörte 1789 zu jenem Kreis um die Schlegels, Schelling, Schleiermacher, Novalis und Tieck, der in Dresden mit Leidenschaft die Galerie besuchte, der die Religion wie die Kunst der altdeutschen und altitalienischen Maler als

Raffael, Sixtinische Madonna. 1512/13

neues Bildungselement entdeckte, sich eine Bilderwelt als Kommunikationsmedium neu erschuf. Im Zentrum dieser Bildwelt stand Raffaels Sixtinische Madonna. Auch dies berichtet Steffens in seinen »Lebenserinnerungen«: »Besonders wurde die Madonna als die göttliche Frau mit aller Illusion der Dichtkunst verehrt, und nachdem Tieck, August Wilhelm und Novalis ihr die poetische Weihe erteilt hatten, sah man alle jungen Dichter vor dem Altare der Madonna knieen.« An diesem Bild entzündete sich vorzüglich der progressive Enthusiasmus der Frühromantiker. In Caroline und August Wilhelm Schlegels »Gespräch über Gemälde« im zweiten Band des »Athenäums« (1799) wird die Wackenrodersche Andachtsästhetik auch in der Form zum kollektiven Programm. Der Unterschied der romantischen zur alten christlichen Himmelssehnsucht wird vor allem in der Beschreibung der beiden Engel am unteren Bildrand der Sixtinischen Madonna deutlich. Da sagt Louise, hinter der man Caroline vermuten darf: »Lieber lassen Sie mich von den himmlischen Kindern sprechen, die halb über den unteren Rand des Bildes hervorragen. Seht, das ist nun die kindliche und die englische Andacht. Sie beten nicht, weil Kinder und Engel um nichts zu bitten haben: sie betrachten nur in ihrem wonnevollen unschuldigen Sinn.« Waller (A. W. Schlegel) entgegnet: »Ja, Liebe, es gibt viele Engel, die geistiger noch und geistlicher, und, wenn Sie wollen, weit mehr Engel sind: aber so irdisch und himmlisch zugleich sind mir noch keine vorgekommen.« Louise: »Es ist wahr, sie sind Kinder der Erde in bunten Flügelchen. Sie haben einen eigentlichen Charakter, worüber die Söhne des Himmels hinweg sind. [...] Man kann sie nicht ohne Verlangen ansehn, aber dann leitet der älteste mit seinem sinnigen Blick den meinigen doch wieder in die Höhe, heitrer nur, denn alles, was Kind ist, erheitert doch die Seele.«

Im Musterdialog der romantischen Generation werden Raffaels Engel zu Symbolen der säkularen Himmelssehnsucht der Romantiker; der Engel als Kind steht für jene Verjüngung des Zeitalters, eine Erneuerung des Bewusstseins in einem Enthusiasmus, der im Rekurs auf ursprüngliche und unzerteilte Erfahrung Zukünftigkeit ins Bewusstsein nehmen will. Religion wird in diesem Zusammenhang allererst als Agens innerer Bildung gesehen, sie muß Waller zufolge »liberal und menschlich« behandelt werden, ihre Erneuerung strebt weder Rückkehr in die Unmündigkeit noch Auslöschung der Verschiedenheit an, sondern ist vielmehr Widerstand gegen das Normative einer angeblich allgemein gültigen Vernunft. Sie erscheint als gangbarer Weg in die Zukunft von Individuen, die sich als besondere begreifen und verwirklichen wollen, ohne dafür mit Kommunikationsverlust und Entfremdung von der Gemeinschaft zu bezahlen. So ist der Versuch der Restitution der Mythologie auch ein Versuch, die sich abzeichnende Isolierung des Künstlers in der bürgerlichen Gesellschaft zu verhindern. Deshalb fordert Reinhold, der Maler, wohl in Stellvertretung des gesamten frühromantischen Kreises, auch einen »politischen Enthusiasmus«, der der Kunst »ein neues weites Feld und eine ruhmvolle öffentliche Bestimmung« erschließen soll. Wenn August Wilhelm Schlegel für diese Aufgabe in seinem Programmgedicht von 1800 einen »Bund der Kirche mit den Künsten« propagiert, so meint er damit eine unsichtbare Kirche, die in Gestalt eines »hohen Weibs« vom Himmel steigt und die Künste auffordert, das Unsichtbare darzustellen:

> Wohlan! ihr Künste! es gebiert euch wieder,
> Wenn ihr mein Thun hinieden würdig ziert,
> Wenn ihr vom Himmel auf die Erde nieder
> Die Heiligkeiten, bildlich deutend, führt.

*Friedrich Overbeck, Der Triumph der Religion
in den Künsten. 1832-40*

Joseph Sutter, Der hl. Lukas malt die Madonna. 1818

Schon regt in euch Begeistrung ihr Gefieder,
Vernehmt denn, wie sich jegliches gebührt,
Daß ihr, vom Ueberschwenglichen verwirret,
Nicht bei den ungewohnten Flügen irret.

So soll der Künstler selber Engel werden und mit den Flügeln der Begeisterung ein Neues und Unbekanntes, ein Ungesehenes erkunden. »Gesondert, wechselnd, doch vereint genau« wird die schwebende künstlerische Erfahrungsweise zur Probe auf die Differenz des Wahrnehmens, die Kunst zum Medium, in dem das Andere konkret werden soll. Darin liegt der Hauptunterschied zur altchristlichen Unsichtbarkeitskonzeption. Die Erfahrung der Differenzierung in der funktionalisierten Gesellschaft liegt solcher Umdeutung zugrunde.

Zum Beschluss des »Gesprächs über Gemälde« trägt Walter eine versifizierte Legende des Lukas vor, der ja der Maler der Madonna gewesen sein soll. Sie endet in Anspielung auf Wackenroder mit der Erscheinung Raffaels als eines jugendlichen Engels. Reinhold, der Maler, bedankt sich mit den Worten: »Und die erste Madonna, die mir gelingt, soll dem heiligen Lukas und dem heiligen Raphael gemeinschaftlich gewidmet sein.« Das sollte konkretere Folgen haben: 1810 werden einige junge Maler dem klassizistischen Ausbildungsbetrieb der Wiener Akademie den Rücken kehren, den Malerbund der Lukas-Bruderschaft gründen und nach dem Muster Franz Sternbalds nach Rom gehen, um sich dort im Zeichen Raffaels und des hl. Lukas der Erneuerung der christlichen Bildkunst zu widmen.

Bilder der Weltzeit, Runge

Einige Jahre vorher aber, 1802, kehrte sich unter dem Eindruck von Tiecks »Sternbald« und der Kunstschriften der Schlegels und Novalis' der junge Philipp Otto Runge, der bis 1801 Schüler an der Kopenhagener Akademie gewesen war, von der klassizistischen Bildkonzeption ab, an der er sich mit der Teilnahme an Goethes Weimarer Preisaufgabe von 1801 eben noch versucht hatte, und wandte sich einem tiefsinnigen Unternehmen zu, das ihn bis an sein frühes Ende 1810 beschäftigen sollte. Nachdem seine Zeichnung »Achill auf Skamandros« bei dem Wettbewerb der Weimarer Kunstfreunde (Goethe, Schiller, Johann Heinrich Meyer) wegen angeblich falscher Bildauffassung und schlechter Zeichnung durchgefallen war, schreibt er im Februar 1802 aus Dresden an den Vater: »Die Kunstausstellung in Weimar und das ganze Verfahren dort nimmt nachgerade einen ganz falschen Weg, auf welchem es unmöglich ist, irgend etwas Gutes zu bewürken. [...] Wir sehen in den Kunstwerken aller Zeiten es am deutlichsten, wie das Menschengeschlecht sich verändert hat, wie niemals dieselbe Zeit wieder gekommen ist, die einmal da war, wie können wir denn auf den unseligen Einfall kommen, die alte Kunst wieder zurückrufen zu wollen? [...] Entsteht nicht deutlich ein Kunstwerk nur in dem Moment, wann ich deutlich einen Zusammenhang mit dem Universum vernehme? [...] Und welcher Künstler, der dieses in sich fühlt, den die Natur, die wir nur noch in uns selbst, in unserer Liebe, und an dem Himmel, rein sehen, erweckt, wird nicht nach dem rechten Gegenstande greifen, um diese Empfindung an den Tag zu legen? [...] bei uns geht wieder etwas zu Grunde, wir stehen am Rande aller Religionen, die

Philipp Otto Runge, Der Morgen. 1807

aus der Katholischen entsprangen, die Abstraktionen gehen zu Grunde [...]. Kinder müssen wir werden, wenn wir das beste erreichen wollen.« Hier deutet sich bereits an, was Runge sich vorgenommen hatte: nichts weniger als den umfassenden bildnerischen Ausdruck des reißenden Zeitgefühls seiner Generation, die Identifikation von Weltzeit und Lebenszeit, die Restitution der Geisterwelt und die Verjüngung des Zeitalters aus der Einbildungskraft des Ich heraus.

Es war wohl Ludwig Tieck gewesen, der ihm ein ausgeprägtes Krisenbewußtsein vermittelt hatte. Im März 1802 schreibt er an den Bruder: »Es fiel mir wieder eine Bemerkung von Tieck auf, daß gerade dann, wann ein Zeitalter zugrunde gegangen gewesen, immer die Meisterwerke aller Künste entstanden seien.« Das zeigt punktlichtartig, wie sehr die romantische Zukunftsfreudigkeit an die Erfahrung gebunden war, am Ende einer Entwicklung zu stehen. Aus diesem Bewusstsein einer Zeitenwende heraus entwickelt Runge ein rauschhaft ästhetisiertes Zeiterleben, das mit seinem Begriff der Religion identisch ist: »Dieses tiefste Ahnen unsrer Seele, daß Gott über uns ist, daß wir sehen, wie alles entstanden, gewesen und vergangen ist, wie alles entsteht, gegenwärtig ist, und vergeht um uns, und wie alles entstehen wird, sein wird, und wieder vergehen wird, wie keine Ruhe und kein Stillstand in uns ist; diese lebendige Seele in uns, die von ihm ausgegangen ist, und die zu ihm kehren wird, die bestehen wird, wenn Himmel und Erde vergehen, das ist das gewisseste deutlichste Bewußtsein unsrer selbst und unsrer eignen Ewigkeit.« So wird Kunst als Ausdruck einer Seelenreligion zur Selbstmanifestation des Individuums, das sich im Bild in seinem Verhältnis zur Zeit umfassend entziffert. Solchermaßen mit frühromantischem Gedankenreichtum und klassizistischer Reflexion auf Technik, auf Gegenstand, Komposition, Zeich-

Philipp Otto Runge, Der Tag. 1807

nung, Farbgebung, Haltung, Kolorit und Ton ausgestattet, begab sich Runge an sein Lebensprojekt der »Tageszeiten« oder überhaupt »Zeiten«, einem vierteiligen Zyklus, der einer breiteren Öffentlichkeit erstmals 1805 in Form von Radierungen zu Gesicht kam. Nach Runges Vorstellung sollten die Blätter jedoch dereinst in großem Format zur Ausschmückung eines sakralen Raums ausgeführt werden. Noch 1809 malte Runge am »Großen Morgen«, den der zunehmend von Krankheit geschwächte Künstler aber nicht vollenden konnte.

Obwohl Runge in der Allegorisierung von Gestalten, insbesondere von Blumen und den Kindergenien, die nicht zufällig den irdisch-himmlischen Engelchen Raffaels ähneln, die dem frühromantischen Gesprächskreis so gut gefielen, Darstellungsmethoden des Klassizismus übernimmt, sprengt er in der Überlagerung arabesker, ornamentaler und graphisch-geometrischer Elemente die herkömmliche Bildauffassung. Überdies fordern seine Bilder einen aktiven Betrachter, der sie gleichsam lesen, sie über das bloße Anschauen hinaus als selbst prozessuale Evokation einer geistig-seelischen Wirklichkeit begreifen soll, in die der Betrachter selbst einbezogen ist. Im Entziffern der Bilder soll sich das Subjekt seiner eigenen Einbindung in die Zeit mit Geist, Seele und Sinnlichkeit gewärtig werden. Dies impliziert, dass es für Runge das allgemeine Verständnis eines »Publikums« nicht geben kann, sondern nur ein je individuell sich herstellendes Verhältnis von Bild und Betrachter.

Für einen Kreis von Eingeweihten musste dennoch deutlich werden, wie Runge den dargestellten Gegenständen ein System von sinnbildlichen Bedeutungen unterlegt, die sich je mehrdeutig auf Zeit und Geschichte beziehen. Jedes Bildelement sollte immer zugleich etwas über die Heilsgeschichte, die Erdgeschichte, die Menschengeschichte als Auseinander-

Philipp Otto Runge, Der Abend. 1807

setzung mit der Natur, die Geschichte der Kunst, die Lebensphasen des einzelnen Menschen und seine Seelengeschichte aussagen.

Im Blatt »Der Morgen« zeigt eine vor der Erdkugel aus dem Urnebel zum Himmel strebende Lilie, die Runge als Symbol des Lichts, der ersten schöpferischen Potenz gedacht hat, den Anfang der Schöpfung. Tageszeit und Weltzeit werden von vornherein identifiziert. Aus den Stängeln fallen Rosenblüten als Symbole der Liebe, der Morgenröte und des Werdens und der Schönheit. Sich umarmende und musizierende Kinder verweisen auf den Gedanken des Paradiesischen als Ursprungsbezug aller Kunst. An den Seitenleisten ziehen sich Kindergenien an Stängeln hoch und zeigen das menschliche Streben zum Absoluten.

In »Der Tag« ist das Paradies verloren gegangen. Vor den Paradiesrosen wacht der Engel mit dem Schwert. Das Lichtsymbol ist von Kornblumen eingefasst, die Menschen sind mit den Früchten der Erde beschäftigt. Flachs- und Kornpflanzen und Disteln und Brennnesseln weisen auf die Arbeit und die Mühsal der Auseinandersetzung mit der Natur. Ein Kind versucht, an einer Königskerze hochzuklettern, die Verbindung zum Himmel aber ist unterbrochen. Aus den Wolken wächst die Passionsblume als Zeichen des Opfertods und der kommenden Erlösung.

In »Der Abend« verschwindet die Lilie hinter dem Horizont. Die sich neigenden Rosen und die musizierenden Kinder zeigen die Spätzeit der Kunst und die Abendröte der Menschengeschichte. Eine weibliche Figur mit Sternen deutet auf die kommende Nacht, eine Mohnpflanze auf Schlaf, Rausch und Traum. Weinende Aloen sind Symbole der Trauer. Kinder löschen die Fackeln und zeigen die Tageszeit wie die geschichtliche Stunde an. Christus als guter Hirte und zwei Engel mit erdwärts weisenden Sonnenblumen halten die

Philipp Otto Runge, Die Nacht. 1807

Hoffnung auf Wiederkehr des Lichts aufrecht, symbolisieren also wiederum Zukünftigkeit.

Joseph Görres hat die Blätter 1808 besprochen und dabei versucht, eine angemessene Beschreibungstechnik zu finden. So gerät ihm seine Besprechung zu einer hymnisch und deiktisch reihenden Erzählung, die aber jeweils neu ansetzen muss, weil der multiple Zusammenhang der Bildzeichen sich nicht in eine lineare Form bringen lässt. Das Blatt »Der Abend« wird von Görres als Erzählung vom Zeiterleben der eigenen Generation gestaltet: »Da ist andere Zeit geworden auf der Erde, romantische Zeit; Silberglanz war Morgenlicht, Goldesschimmer jetzt der Abendschein, flüssiges, klares, lüftig Gold ist ausgegossen; es sind die Berge und die Hügel und die Kräuter in die Tinktur getaucht, und es rinnt der Schein an ihnen nieder, und sie brennen in dem zarten Feuer, das sie nicht verletzt.« »Da wollen die Dinge sich zur Ruhe neigen, hat die Erde ihre Herrlichkeit gesehen, schließen sich die müden Augenlider, es soll eine neue Welt beginnen, und die alte untergehen, aber nicht in Zornesfeuer, in Liebesfeuer soll sie sich verzehren; und es beginnt ein Sinken und ein Vergehen in Liebesbrunst.« »Und sie liegen in Lust vergangen wieder an der Mutter Herz, die Nacht aber breitet leise den Sternenmantel über die Schlafenden her, und es ist Stille, tiefes Schweigen weit umher, und wieder Traumes Weben.«

Im letzten Teil der Besprechung sucht Görres nach Kategorien zur Charakterisierung der Rungeschen Darstellungsweise. Er erwägt den Begriff Arabeske, aber das ist ihm zu spielerisch konnotiert. So kommt er schließlich auf die Begriffe »Hieroglyphik der Kunst« oder »Plastische Symbolik«. Diese Begrifflichkeit zielt auf die Ausschließung konventioneller Signifikationen, wie sie etwa in der Emblematik des Barock gegeben war, wobei man bedenken muss, dass die Hieroglyphen noch nicht entziffert, für die Romantiker also

Philipp Otto Runge, »Der Kleine Morgen«. 1808

rätselhafte Bildschriftzeichen waren. Görres will diese Begriffe nicht statisch verstehen, sondern mit ihrer Hilfe eine Bildungsreihe erfassen. Die Abfolge stellt sich nach Görres folgendermaßen dar: natürliche Elemente – Materie – Körper – organische Formen – künstlerische Formen – ideale Schönheit – schöne Form – Idee – Geist – Bedeutung – heilige Rede – Sinn – Andacht. Aus der Haltung der Andacht heraus kann der Betrachter im Entzifferungsprozess durch das Kunstwerk hindurch auf den Urgrund der Schöpfung zurückgehen, kann gleichsam zum schöpferisch nachvollziehenden Anthropologen werden, kann die Weltzeit mit dem gegenwärtigen Augenblick verbinden: »Bildet daher der Geist wahrhaft schaffend und begeistert, in seinen Werken könnt ihr die Weltgeschichte lesen; will er euch die Zeiten bilden, in dem Bilde mögt ihr wie Zauberkristall, wenn ihr näher oder tiefer blickt, Aufgang der Dinge schauen, und Niedergang in Tagesfrist, und der Jahreszeiten wechselnd Spiel, oder eures eignen Lebens Kreisen durch die Alter; oder ihr mögt das Leben der Erde und der Natur und aller Dinge in ihm erblicken, wie die jugendliche Welt gewaltig und groß geworden vor dem Herrn; ihr mögt endlich das Leben der Kunst selbst darin erschauen, und des Geistes Stufenalter der darin und in Allem sich geoffenbart.«

Es ist klar, dass damit die Ausdeutungsmöglichkeiten der Rungeschen Blätter zum Unendlichen tendieren. Kunstwerk und Betrachter geraten in einen theoretisch nicht begrenzbaren Austauschprozess. Wenn dieser Anspruch heute in seiner Maßlosigkeit fremdartig wirkt, so zeigt er doch etwas von der Stärke der Begehrungen, die Kant und der Vernunft zum Trotze die Generation der Romantiker bewegten. Auch um den Preis der Ungreifbarkeit und Flüchtigkeit soll sich zerstreutes Dasein in einen ganzheitlichen Rahmen fügen.

Clemens Brentano hat in Runge sein Alter Ego gesehen,

wohl aufgrund der Ähnlichkeit des Zeiterlebens, das Emil Staiger in »Die Zeit als Einbildungskraft des Dichters« für Brentano so treffend mit dem Begriff der »reissenden Zeit« charakterisiert hat. In dem Gedicht auf Runges Tod, das 1810 in Kleists »Berliner Abendblättern« erschien, hat Brentano Runge als künstlerische Person selbst mit der krisenbewussten romantischen Zeiterfahrung identifiziert:

> O trauert nicht um seinen frühen Tod!
> Er lebte nicht, er war ein Abendrot,
> Verspätet aus verlornen Paradiesen
> Ließ täuschend es in unsrer Nächte Not
> Die ahndungsreichen Schimmer fließen.

Ein Engel bei Kleist, Aufstand

Die Technik der Umrisszeichnung, die Runge in den früheren Fassungen und Entwürfen zu den Tageszeiten einsetzte, war noch aus der Tradition des akademischen Klassizismus abgeleitet, jedoch hatte sie A. W. Schlegel in dem Aufsatz »Über Zeichnungen zu Gedichten und John Flaxman's Umrisse« im 2. Band des »Athenäum« 1799 schon romantisch usurpiert. Schlegel bezieht sich auf die von Thomas Piroli gestochenen Umrisszeichnungen zu Dantes »Göttliche Komödie« des englischen Bildhauers John Flaxman, die 1793 in London erschienen waren. Gerade für die Konturzeichnung postulierte Schlegel eine besondere Affinität zur Dichtkunst: Die Zeichen des bildenden Künstlers würden da zu Hieroglyphen wie beim Dichter.

Dass das Deutungsspektrum der Zeichen des Unsichtbaren neben der sexuellen immer wieder die politische Sphäre streift, ist bei Görres unterschwellig erfahrbar, bei Kleist erscheint es deutlicher. Sein Gedicht »Der Engel am Grabe des Herrn« erschien 1808, also im gleichen Jahr wie die Runge-Deutung von Görres, im »Phöbus« nebst der Vorlage, einer Umrisszeichnung des Dresdner Malers Ferdinand Hartmann. Im ersten Teil des Gedichts wird geschildert, wie der Leichnam Jesu mit brachialen Mitteln, mit einem »Sandstein, der Bestechung taub« eingeschlossen wird. Darauf werden »des Landvogts Siegel« gesetzt: »Es hätte der Gedanke selber nicht / Der Höhle unbemerkt entschlüpfen können«. Eine deutliche Anspielung auf die napoleonische Eroberung und die Zensur. Am Ende des Gedichts heißt es:

Ferdinand Hartmann, *Der Engel am Grabe des Herrn.* 1807,
Umrisszeichnung aus dem »Phoebus«, gestochen von
Christian Benjamin Gottschick

Ein Engel, wie der Blitz erscheint,
Und sein Gewand, so weiß wie junger Schnee.
Da stürzten sie, wie Leichen, selbst, getroffen,
Zu Boden hin, und fühlten sich wie Staub,
Und meinten, gleich im Glanze zu vergehn;
Doch er, er sprach, der Cherub: »Fürchtet nicht!
Ihr suchet Jesum, den Gekreuzigten –
Der aber ist nicht hier, er ist erstanden:
Kommt her und schaut die öde Stätte an.«
Und fuhr, als sie, mit hocherhobnen Händen,
Sprachlos die Grabesstätte leer erschaut,
In seiner hehren Milde also fort:
»Geht hin, ihr Frau'n und kündigt es nunmehr
Den Jüngern an, die er sich auserkoren,
Daß sie es allen Erdenvölkern lehren,
Und tun also, wie er getan:« und schwand.

Auch Kleist war bei seinem Dresdner Aufenthalt in die Bildergalerie gepilgert und hatte versucht, sich im Angesicht der
Sixtinischen Madonna von der romantischen Andachtsstim-
mung anstecken zu lassen. Aber so recht wollte es nicht
gelingen, wie ihm überhaupt die romantische Hoffnungsbil-
dung nie ein wirklicher Trost war. Sein Romantikerfreund
Adam Müller beklagte daher, »daß die moderne Poesie in ihrer allegorischen Fülle zu wenig über Kleist vermöge«. Kleist
lehnte um diese Zeit die romantische Malerei wahrscheinlich
schon ab oder hatte keinen Sinn mehr dafür, und so war das
Gedicht ein Zugeständnis an seinen Freund und Mitheraus-
geber, das er aber dazu benutzte, seine politischen Auffassun-
gen und sein kathartisches politisches Identifikationsbedürf-
nis zu gestalten. Erfuhren die Romantiker in ihren Engeln vor
allem Zukünftigkeit und transzendierendes Zeiterleben, so
symbolisiert der Engel bei Kleist eine Plötzlichkeit der Er-

kenntnis, ein unmittelbares und gegenwärtiges Bedürfnis nach Reinheit und Befreiung. Und es ist natürlich nicht Auferstehung, sondern Aufstand, wozu der Engel die im Staub gedemütigten Deutschen auffordert. Wie in allen seinen Bilddeutungen neigt Kleist auch hier dazu, den Schein des Dargestellten hin zur »wahren« Aktion durchbrechen zu wollen.

Schmerzhaftes Sehen

Um 1800 hatte aber auch Kleist versucht, sich vom romantischen Kunstenthusiasmus anstecken zu lassen. Es klappte jedoch nicht auf Anhieb. Als er am 3. 9. 1800 nach Dresden kommt, besucht er trotz einer anstrengenden nächtlichen Anreise zwar bereits am allerersten Tag die Galerie, jedoch berichtet er Wilhelmine von Zenge in ungewöhnlicher Kürze nur: »Wir gingen in die berühmte Bildergalerie. Aber wenn man nicht genau vorbereitet ist, so gafft man etwas an, wie Kinder eine Puppe. Eigentlich habe ich daraus nicht mehr gelernt, als daß hier viel zu lernen sei.« Ein im Sinne der Goethe'schen Verdächtigung regressiv-naives Anschauen lehnt also Kleist hier gerade ab, durchaus gemäß der Goethe'schen Maxime, man sähe nur, wenn man wisse. Einige Monate später jedoch, im Mai 1801, setzt er bei zunehmender Verdüsterung des Tons seiner Briefe die Kunsterfahrung in gut Wackenroder'scher Weise in diametralen Gegensatz zu Wissen und Lernen: »Nichts war so fähig mich so ganz ohne alle Erinnerung wegzuführen von dem traurigen Felde der Wissenschaft, als diese in der Stadt gehäuften Werke der Kunst.« Das seien »Gegenstände bei deren Genuß man den Verstand nicht braucht, die nur allein auf Sinn und Herz wirken«. Und jedes Mal, wenn er die Galerie betrat, habe er »stundenlang vor dem einzigen Raphael dieser Sammlung, vor jener Muttergottes gestanden, mit dem hohen Ernste, mit der stillen Größe, ach Wilhelmine, und mit Umrissen, die mich zugleich an zwei geliebte Wesen erinnerten –«.

Mit der Entgegensetzung von Verstand und Sinn und Herz scheint also Kleist auf die romantische Polemik gegen die klassizistische Kunstbetrachtung einzuschwenken, und auch mit dem stundenlangen Stehen vor der Sixtina nimmt er einen frühromantischen Topos auf. Die nachfolgende Beschreibung der Erfahrung katholischer Kirchenmusik ähnelt gar bis in die Wortwahl hinein Wackenroders »Brief eines jungen Malers in Rom an seinen Freund in Nürnberg« aus den »Herzensergießungen eines kunstliebenden Klosterbruders«, in der dieser ihm seinen Übertritt zum Katholizismus mitteilt. Kleist schreibt: »Nirgends fand ich mich aber tiefer in meinem Innersten gerührt, als in der katholischen Kirche, wo die größte erhabenste Musik noch zu den andern Künsten tritt, das Herz gewaltsam zu bewegen. Ach, Wilhelmine, unser Gottesdienst ist keiner. Er spricht nur zu dem kalten Verstande, aber zu allen Sinnen ein katholisches Fest.

Mitten vor dem Altar, an seinen untersten Stufen, kniete jedesmal, ganz isoliert von den andern, ein gemeiner Mensch, das Haupt auf die höheren Stufen gebückt, betend mit Inbrunst. Ihn quälte kein Zweifel, er *glaubt* – Ich hatte eine unbeschreibliche Sehnsucht, mich neben ihn niederzuwerfen und zu weinen –. Ach, nur einen Tropfen Vergessenheit, und mit Wollust würde ich katholisch werden –«. Schon bei Wackenroder und Tieck war der Übertritt zum Katholizismus als Konsequenz der Kunsterfahrung dargestellt: »Ach! glaubte ich denn nicht schon ehemals die heiligen Geschichten und die Wunderwerke, die uns unbegreiflich scheinen? Kannst Du ein hohes Bild recht verstehen, und mit heiliger Andacht es betrachten, ohne in diesem Momente die Darstellung zu *glauben*?« Eben das kann Kleist dann doch nicht. Er versucht sich in der romantischen Andachtshaltung und Kunstfrömmigkeit, aber etwas scheint sich vor das Bild, vor die Erfahrung zu drängen oder darüber hinaus zu schießen. Die romantische Übung, sich mit Sehnsucht, mit der Verheißung der Bilder, zu begnügen, scheint bei Kleist trotz vorgeblich heißen Bemühens nicht zu fruchten.

Anlässlich seiner Besuche im Louvre im November 1801 erinnert er sich noch einmal der Dresdner Madonna, die ihn »wie ein geliebtes, angebetetes Wesen in der Galerie fesselte«. Unvermittelt setzt er hinzu: »– und ich kann mir jetzt die Schwärmerei der alten Chevalerie, Traumgestalten wie Lebende anzubeten, sehr wohl erklären.« Hinter dieser Anspielung mag mehr stecken als die Erfahrung des Bildes, nur darauf bezogen ist die Metapher allerdings ziemlich merkwürdig: dass man Bilder wie Lebende anbetet, darauf waren die Romantiker nicht gekommen, denn das ist dem Ästhetisch-Heiligen, von dem alle Kunst nach Wackenroder und nach Goethes Beschreibung ausgeht, eben zuwider. Jenseits des Heiligen, jenseits aber auch der idealistischen Konzeption vom Schein der Kunst, scheint Kleist immer wieder eine Leibhaftigkeit des Erscheinenden zu suchen, ohne dass er recht sagen könnte, was er in den Bildern findet und vermisst.

Als Kleist im Juni 1807, als sich Lieben und Sterben in seiner Gedankenwelt wohl schon fest aneinander gebunden hatten, ein solches auf einem Bild dargestelltes »anbetungswürdiges Wesen« tatsächlich einmal wie eine Lebende beschreibt, handelt es sich paradoxerweise um Simon Vouets »Sterbende heilige Magdalena«: »Sie liegt, mit Blässe des Todes übergossen, auf den Knien, der Leib sterbend in die Arme der Engel zurückgesunken. Wie zart sie das Zarte berühren; mit den äußersten Spitzen ihrer rosenroten Finger nur das liebliche Wesen, das der Hand des Schicksals jetzt entflohen ist. Und einen Blick aus sterbenden Augen wirft sie auf sie, als ob sie in Gefilde unendlicher Seligkeit hinaussähe: Ich habe nie etwas Rührenderes und Erhebenderes gesehen.« Nimmt man das für bare Münze, so übersteigt die Wirkung des Bildes auf Kleist die der Sixtinischen Madonna. Das Bild ist selbst nicht ohne Erotik, und auch Kleists Beschreibung ist unter Beiseitelassung der Ausführung – es sei »schlecht gezeichnet«

Simon Vouet, Sterbende heilige Magdalena

– von vornherein mit Körperlichkeit und Berührung beschäftigt, sie stellt eine Grenzsituation zwischen Erotik und Tod dar, die kaum mit einer christlichen Seligkeitsvorstellung zur Deckung zu bringen ist, obwohl den christlichen Mystikern solche Erfahrungen nicht fremd waren. Kleists Beschreibung scheint vielmehr vorzugreifen auf das Motiv der schönen Leiche, den Zusammenhang von Weiblichkeit, Tod und Ästhetik, den im späteren 19. Jahrhundert die präraffaelitischen Maler herstellten, die freilich von der romantischen Erneuerung des christlichen Kunstideals nicht unbeeinflusst waren. Die Grenzsituationen zwischen Bild und Körper, die immer wieder in der Spannung von Erotik und Tod stattfinden, hat Elisabeth Bronfen in »Nur über ihre Leiche« faszinierend dargestellt und dabei auf die tendenzielle Bedrohlichkeit des bildüberschreitenden Begehrens aufmerksam gemacht.

Ein Vergleich zwischen dem romantischen und dem Kleist'-schen Blick auf Bilder sollte anhand seiner Bearbeitung des Brentano/Arnim'schen Texts über Friedrichs »Mönch am Meer« von 1810 zu konkretisieren sein, aber im Gestrüpp dieser Materie hat sich schon so mancher Interpret ziemlich verheddert, und so soll es hier nur darum gehen, einige Beobachtungen in die Perspektive des bisher Dargestellten zu setzen. Anlässlich der großen Akademie-Ausstellung in Berlin 1810, die den Durchbruch der romantischen Kunst brachte, hatten Clemens Brentano und Achim von Arnim für Kleists »Berliner Abendblätter« eine Besprechung von C. D. Friedrichs »Mönch am Meer« verfasst, das auf der Ausstellung erstmals öffentlich zu sehen war. Nach einer kurzen Einleitung folgen fiktive, witzige Dialoge, die die überraschten, ignoranten oder amüsierten Gespräche der an dem Bild vorbeiziehenden Besucher simulieren. Ein Beispiel:

C. D. Friedrich, Mönch am Meer. 1808/10

»DAME ›Nummer zwei: Landschaft in Öl.‹ Wie gefällt sie
Ihnen?

HERR Unendlich tief und erhaben.

DAME Sie meinen die See, ja die muß erstaunlich tief sein, und
der Kapuziner ist auch sehr erhaben.

HERR Nein, Frau Kriegsrat, ich meine die Empfindung des
einzigen Friedrichs bei diesem Bilde.

DAME Ist es schon so alt, daß er es auch gesehen?

HERR Ach, Sie mißverstehen mich, ich rede von dem Maler
Friedrich; Ossian schlägt vor diesem Bild in die Harfe.«

In der Ironie dreht sich das romantische Verhältnis zum Kunstraum um, er dient nicht mehr der Kommunikation, sondern
provoziert Missverständnisse. Um so interessanter, dass der
schon bekannte Zusammenhang mit dem Preußentum auch
hier erhalten bleibt.

Der gebrochene Preuße Kleist konnte über den Text offenbar nicht lachen, er war wohl auch zu lang für die Zeitung, die
ja oft nur in einem Bogen erschien. So behielt er nur die ersten
Sätze bei und änderte den Text eigenmächtig ab, was ihm Är-
ger mit Brentano bescherte. Er tat zwar Abbitte, brüstete sich
aber hinterrücks, dass der Geist des neu entstandenen Textes
ungeachtet des romantischen Wortgebrauchs sein Eigentum
sei.

Bei aller Lust am ironischen und paradoxen Effekt erscheint die Grundstruktur der frühromantischen Kunsterfahrung in dem Brentano'schen Capriccio durchaus noch vorhanden zu sein. Das Bild, so Brentano doppelsinnig, tut einen
Anspruch an den Betrachter, den es nicht erfüllt, es erregt
Sehnsucht, ohne die Begehrung zu befriedigen. Eben das aber
kann Brentano als »wunderbare Empfindung« bezeichnen,
die durchaus nicht einsam macht, sondern im Gegenteil das
Bedürfnis nach Kommunikation erweckt, und so besteht der

zweite Teil aus munteren Kunstgesprächen, die man als Persiflage des »Gesprächs über Gemälde« von A. W. Schlegel, aber auch als Karikatur der bürgerlichen Kunsterfahrung lesen kann, wie sie mit der Einführung regelmäßiger Ausstellungen seit dem Ende des 18. Jahrhunderts zur öffentlichen Angelegenheit geworden war. Insofern wird bereits bei Brentano die ehrfürchtige und andächtige Kunstanschauung ironisiert, was aber durchaus keine Infragestellung des romantischen Anspruchs bedeutet; ein Schuss Künstlerarroganz gegenüber dem unverständigen Bürger ist ja auch dabei.

Die Situierung der Rezeption des Kunstwerks im gesellschaftlichen Dialog fällt bei Kleist bis auf eine lapidare Absichtserklärung völlig heraus. Bei ihm wird der Akt der Rezeption zu einer einsamen und singulären Angelegenheit. Die Sternbald'sche Maxime klingt noch einmal an, wenn Kleist meint, Brentanos Doppelsinn explizieren zu müssen: »einen Anspruch, den mein Herz an das Bild machte, und einen Abbruch, den mir das Bild tat«, sie scheitert aber im Parallelismus des Satzes unmittelbar. Bei Brentano steht: »Wohinaus ich mit Sehnsucht blickte«, bei Kleist: »blicken sollte«: das Subjekt kann nicht sehen, wie es soll. Bei Brentano steckt der Betrachter fortan im Bild, deshalb kann er die Dialoge der vorübergehenden Kunstfreunde und -dilettanten belauschen; Kleist dagegen hat zwar die Identifikation mit dem Klosterbruder übernommen, aber der Fortgang des Texts verhält sich nicht kohärent dazu; Kleists Betrachter befindet sich im weiteren immer noch vor dem Bild, nämlich außerhalb der identifizierenden, ichhaftmachenden romantischen Erfahrung der Kunst. Das Kleist'sche Subjekt sieht, womit es ja so allein gar nicht stand, wie Kleist denken mochte (ein zeitgenössischer Kommentar wie: man sieht ja nichts! ist mehrfach überliefert), auf dem Bild wenig oder wenig Bestimmtes, nämlich »Einförmigkeit und Uferlosigkeit«. Brentano kann die Empfindungen des betrachtenden Subjekts als »wunderbar« bezeichnen, Kleist nur als »verworren«. Vor allem aber fügt er der Analyse dieser Erfahrung in der berühmten Metapher von den weggeschnittenen Augenlidern die Konnotation des körperlichen Schmerzes hinzu. Die »traurige und unbehagliche Stellung in der Welt« resultiert aus einer Empfindungslage, in der die Möglichkeit wegzusehen, die Augen zu verschließen, abgeschnitten ist. Das sehende Subjekt ist der Schmerzerfahrung schutzlos ausgeliefert. Wiederum setzt sich Kleist hier in einen Gegensatz zum kunstandächtigen romantischen Subjekt, das sich nach einem nur halb ironisch gemeinten Wort Friedrich Schlegels Gemälde am liebsten »mit verschlossnen Augen« betrachtet. Auch C. D. Friedrich ist auf diesen Gedanken gekommen, als er anlässlich einer Dresdner Ausstellung dem Künstler empfahl: »Schließe dein leibliches Auge, damit du mit dem geistigen Auge zuerst sehest dein Bild. Dann fördere zu Tage, was du im Dunkeln gesehen, daß es zurückwirke auf Andere, von Außen nach Innen.« Der romantische Traum vom Sehen wollte, wie Schelling es nannte, »die harte Form«, die bloß äußerliche Materialität des Werks zur seelenvollen Weichheit und Anmut schmelzen; in Kleists Blick dagegen verhärtet sich die Oberfläche des Bildes und sperrt den Betrachter schmerzhaft aus. Als einer, der sich ausgesperrt fühlte, ist Kleist alsbald gestorben, hat den Übergriff auf die eigene Körperlichkeit als letzte Konsequenz gesehen.

Die Christenheit oder ein neues Europa

Beim Studium der Aufzeichnungen der Frühromantiker gerade zur Religion gerät man unweigerlich an den Punkt, an dem man sich fragt, ob man das alles denn überhaupt ernst nehmen soll, und zwar in dem doppelten Sinne, ob man nicht in die Fallen einer transzendentalen Clownerie geht, obwohl man von Friedrich Schlegel über den Unernst des frühromantischen ästhetischen Programms belehrt wurde; auf der anderen Seite von der späteren bürgerlich-konservativen Entwicklung der meisten Romantiker her: ob dies nicht alles sektiererische Spielereien einer Generation waren, die an realen Entfaltungsmöglichkeiten noch gehindert war und sich, nach Hegels Worten, für eine Weile dem Wahnsinn des Eigendünkels und einer verkehrten und verkehrenden Individualität hingab, um später eitel jene allgemeine bürgerliche Ordnung zu stützen, die einem über die Katastrophenerfahrungen des 20. Jahrhunderts hindurch rückblickend bis auf den tiefsten Grund verdächtig geworden ist. Aber das ist vielleicht schon eine zu pathetische Sicht der Dinge, denn tüchtig im Sinne eines Kulturbetriebs, falls der Begriff rückwirkend zulässig ist, waren die Romantiker erstaunlich früh. Dass man gedruckt werden und Aufmerksamkeit erregen würde, stand offenbar immer schon fest, ehe die Elaborate überhaupt fertig waren. Die Ämter wurden schon verteilt, ehe es sie gab. Hans Blumenberg hat jedoch in »Die Lesbarkeit der Welt« dafür plädiert, »sich durch die wahnhaften Verzerrungen, die der Ausdruck der Entbehrung annimmt, nicht irritieren« zu lassen: »Es macht deutlicher, was die der Romantik entspringenden ›Geisteswissenschaften‹ dem Jahrhundert der exakten Triumphe an Kompensation bedeuten und was sie einer fast unübersehbaren, an Erscheinungen kaum klassifizierbaren ›Spätromantik‹ für jedes Interim des Auftauchens aus der wissenschaftlichen Euphorie bereithielten.« Einiges deutet darauf hin, dass es am dritten Jahrhundertende der Neuzeit einmal wieder soweit ist; ein Bedürfnis nach Spiritualität, nach Esoterik und nach einer Restitution des Sakralen ist unübersehbar, und die Unterscheidung, ob es sektiererischer Wahn ist oder produktive Infragestellung von falschen Gewissheiten, scheint nicht leichter zu fallen als ehedem. Die christlichen Denktraditionen scheinen anders als in der Romantik diesmal allerdings nicht gefragt zu sein, eher scheint es ein Trend zu sein, dass sich christliche Denker um eine Neuorientierung im Hinblick auf eine Restituierung der Gegenwärtigkeit der Erfahrung bemühen.

Hegel hat in seiner »Philosophie der Geschichte« die Tatsache, dass die Deutschen im Gegensatz zu den Franzosen von der Theorie nicht zur revolutionären Praxis übergegangen waren, sehr wesentlich dem Einfluss des Protestantismus zugeschrieben: »Denn es ist einerseits die protestantische Welt selbst, welche so weit im Denken zum Bewußtsein der absoluten Spitze des Selbstbewußtseins gekommen ist, und andrerseits hat der Protestantismus die Beruhigung über die sittliche und rechtliche Wirklichkeit in der Gesinnung, welche selbst, mit der Religion eins, die Quelle alles rechtlichen Inhalts im Privatrecht und in der Staatsverfassung ist. In Deutschland war die Aufklärung auf Seiten der Theologie, in Frankreich nahm sie sogleich eine Richtung gegen die Kirche.« Dass Hegel so weit geht, die Deutschen ausgangs des 18. Jahrhunderts als »in der Wirklichkeit versöhnt« zu charakterisieren, dürfte aus dem Interesse des preußischen Staatsphilosophen erklärt sein, der das romantische Aufbegehren nur als pubertäre Entwicklungsphase deuten wollte, womit er vordergründig Recht behalten sollte. Dennoch scheint es in der Tat so zu sein, dass das Prozessmodell der romantischen Geschichtsphilosophie, die Idee, den handelnden und verändernden Anteil des Menschen an der Geschichte statt in der momentanen Handlung in einer Verzeitlichung der Erfahrung zu begründen, sehr wesentlich über eine Neuinterpretation christlicher Denktraditionen zustande gekommen ist.

Die Auswüchse der Französischen Revolution haben dann aber offenbar selbst noch einmal den Gedanken befördert, dass, wie Hegel es sagt, »durch Einsicht und Bildung zu geschehen hat, was geschehen soll«. Der vorläufige Handlungsverzicht ist für Joseph Görres, den Katholiken und ehemaligen Revolutionssympathisanten, in seinem »Glaubensbekenntnis« von 1798 allerdings keinesfalls als Antrag auf »Wiederaufnahme in den Schafstall« zu interpretieren. Wie immer man die frühromantische Zukunftsfreudigkeit heute als naiv belächeln mag, so beruht sie sicher nicht auf der Erfahrung einer wenigstens leidlich versöhnten Wirklichkeit, sondern ist von vornherein kritisch geprägt. So charakterisiert Görres seine Zeit als eine, »wo alle Leidenschaften von ihren Ketten entbunden, umhertoben; wo von allen Seiten entsprechende Willkür herrscht, und in der allgemeinen Verderbnis ihre Entschuldigung findet; wo alle Menschen die rauhere Seite nach außen kehren, und der Egoismus die stärksten Reibungen erzeugt«. Wenn man die Augen vor den gegenwärtigen Entwicklungen in Europa nicht verschließt, erscheinen diese Sätze trotz ihres archaischen Pathos durchaus aktuell. Der Kompensationscharakter der romantischen Geistesanstrengungen war Görres dabei vollkommen klar, den Einfluss des Denkens und der Phantasie auf die Wirklichkeit beurteilte er melancholisch. Nur jene Wissenschaften, die sich dem kirchlichen und politischen Despotismus zu entziehen vermögen, nämlich die Geisteswissenschaften, sind – wenngleich möglicherweise nicht freiwillig – in der Lage, den

Gedanken der Humanität zu tradieren: »Der menschliche Geist, aufgehalten von allen andern Seiten in seiner Kraftäußerung, wirft sich auf sie hin, und bearbeitet sie mit aller Energie seiner in die Enge getriebenen Elastizität.«

Um die gleiche Zeit entwerfen die Protestanten Friedrich Schlegel und Novalis das Christentum als kritisches Medium. Die diesseitsfeindliche Haltung des Christentums wird dabei von Novalis zeitkritisch uminterpretiert, wodurch das Christentum zum utopischen Entwurfsinstrument wird: »Die Meinung von der Negativität des Xstenthums ist vortrefflich. Das Xstenthum wird dadurch zum Rang der Grundlage – der projektierenden Kraft eines neuen Weltgebäudes, und Menschenthums erhoben – einer ächten Veste – eines lebendigen, moralischen Raums.« Das ist schon fast systemtheoretisch gedacht. Was ehedem die Funktion hatte, das Zusammenleben außenfundiert zu regeln, wird ins Bewusstsein verlegt, konstituiert sich als ein symbolisch generalisiertes Kommunikationsmedium, das gerade durch seine Differenz zur Umwelt bestimmte Erfahrungen und Handlungsmöglichkeiten erschließen soll. Zum Gedanken einer Selbstreferenz sozialer Systeme dringen die Romantiker zwar noch nicht vor, der Gegensatz zwischen Außen- und Innenfundierung sozialer Regularien wird jedoch schon thematisiert. Ein solchermaßen symbolisch generalisiertes Christentum dient bei den Romantikern vorläufig dazu, sich futurisierend mit dem Zerfall religiös oder metaphysisch garantierter Instituierungen auseinander zu setzen: »Absolute Abstraktion – Annihilation des Jetzigen – Apotheose der Zukunft, dieser eigentlichen bessern Welt, dies ist der Kern der Geheiße des Xstenthums –.« So ist bei Novalis aller Sinn des Daseins erlebbar nur in der Zeitlichkeit, in der Verbindung mit einem zugleich zerstörerischen und schöpferischen Prozess; Dekonstruktion ist Rekonstruktion.

Seine geschichtsphilosophische Schrift »Die Christenheit oder Europa« von 1799 hat Novalis als eine Anleitung zum »progressiven Enthusiasmus« verstehen wollen, zu der Haltung also, die sich jener unsichtbaren Verbindungen gewärtig ist, die auf eine kommende bessere Welt deuten. Der Aufsatz wurde selbst im Romantikerkreis mit Irritation aufgenommen. Die Utopie eines überkonfessionellen, überständischen und gesamteuropäischen Friedensreichs passte angesichts der sich zuspitzenden Konflikte zwischen dem revolutionären Frankreich und dem restaurativen Deutschland nicht ins Vorstellungsvermögen. Dass ein solches Friedensreich nun ausgerechnet durch eine Erneuerung der weltlichen Macht des Christentums garantiert werden sollte, schien angesichts der französischen Zerschlagung des Kirchenstaates und der Exilierung des Papstes 1798 vollends phantastisch.

Ein ästhetisch angeschautes Bild vom heiligen römischen Reich deutscher Nation, das sechs Jahre nach Hardenbergs Schrift auch formell von der Landkarte verschwinden sollte, wird von Novalis als Modellvorstellung einer gesamteuropäischen Kultur entwickelt. Dieses noch unvollkommene, gleichsam zu früh entstandene Muster einer zugleich universalen und doch dem Individuellen und Charakteristischen Spielraum gebenden Form des Zusammenlebens unter einer Wertordnung jenseits nationaler Egoismen musste nach der Geschichtsphilosophie Hardenbergs zerfallen, weil der »Sinn des Unsichtbaren« zerstört wurde. Als historische Ursachen für die Spaltung einer einheitlichen, durch nichtmaterialistische Werte zusammengehaltenen Kultur macht Novalis Faktoren dingfest, die die Charakteristik der Neuzeit entscheidend bestimmen: den Merkantilismus, die zunehmende Bildung der Laien bei gleichzeitiger Stagnation des Klerus, die philologische Interpretation der Heilswahrheit, die damit dem Interessenkampf unterworfen wurde, und die Vereinnahmung der kirchlichen Institutionen durch die Politik in Person der protestantischen Landesherren und schließlich die mechanistische Weltbetrachtung seit Descartes, die »die unendliche schöpferische Musik des Weltalls zum einförmigen Klappern einer ungeheuren Mühle, die vom Strom des Zufalls getrieben« wird, machte. Das war für Novalis die endgültige Austreibung des Enthusiasmus.

Revolution im Bildersaal

Seine Gegenwart sieht Novalis als Zeit des Kampfes des Alten mit dem Neuen, als Zeit blutiger Staatsumwälzungen: »die Mangelhaftigkeit und Bedürftigkeit der bisherigen Staatseinrichtungen sind in furchtbaren Phänomenen offenbar geworden.« Dass Friede auf der Ebene politischer Auseinandersetzung entstehen könnte, hält Novalis – die Geschichte gibt ihm bisher Recht – für unmöglich: »Unter den streitenden Mächten kann kein Friede geschlossen werden, aller Friede ist nur Illusion, nur Waffenstillstand; auf dem Standpunkt der Kabinetter, des gemeinen Bewußtseins ist keine Vereinigung denkbar.« Das war im Wesentlichen schon die Position Kants gewesen, der aber darauf vertraute, daß »die Künstlerin Natur«, deren Pläne ein Philosophen-Kollegium entziffern sollte, es früher oder später richten werde (eine Zuversicht, die auch längst dahin ist, trotz der Ernennung von Schriftstellern zu Staatspräsidenten). Für Novalis sind weder Politik noch Vernunft und Wissenschaft in der Lage, Frieden zu garantieren, sondern allein ein mit Notwendigkeit wiedererwachender Sinn für das Unsichtbare, ein umfassender Begriff für die Einheit einer lebendigen Schöpfung; eine heilige Ehrfurcht vor ihr, die ein Ausbeutungsverhältnis zur Erde nicht erlaubt, also die Rekonstituierung eines universalen Wertsystems, das von partikularen Interessen nicht in Frage gestellt werden darf: »Wer weiß ob des Kriegs genug ist, aber er wird nie aufhören, wenn man nicht den Palmenzweig ergreift, den allein eine geistliche Macht darreichen kann. Es wird so lange Blut über Europa strömen bis die Nationen ihren fürchterlichen Wahnsinn gewahr werden, der sie im Kreise herumtreibt und von heiliger Musik getroffen und besänftigt zu ehemaligen

Altären in bunter Vermischung treten, Werke des Friedens vornehmen, und ein großes Liebesmahl, als Friedensfest, auf den rauchenden Wahlstätten mit heißen Thränen gefeiert wird. Nur die Religion kann Europa wieder aufwecken und die Völker sichern und die Christenheit mit neuer Herrlichkeit sichtbar auf Erden in ihr altes friedenstiftendes Amt installiren.« »Die Christenheit muß wieder lebendig und wirksam werden, und sich wieder ein[e] sichtbare Kirche ohne Rücksicht auf Landesgränzen bilden, die alle nach dem Ueberirdischen durstige Seelen in ihren Schooß aufnimmt und gern Vermittlerin, der alten und neuen Welt wird.«

Man kann noch heute Novalis' Vorstellungen trotz ihres schwärmerischen Messianismus kaum als unpolitisch bezeichnen, und der Einspruch gegen preußische Machtpolitik ist unverkennbar, dennoch lag ein direkter politischer Wirkungswille außerhalb jeder Erwägung des frühromantischen Kreises. 1798, eben zur Zeit der vorbereitenden Arbeiten zum »Europa-Aufsatz«, notiert Friedrich Schlegel an Hardenbergs Adresse: »Nicht in die politische Welt verschleudere Du Glauben und Liebe, aber in der göttlichen Welt der Wissenschaft und der Kunst opfere dein Innerstes in den heiligen Feuerstrom ewiger Bildung.« Randbemerkung von Novalis ohne Einschränkung: »Ich folge diesem Worte, theurer Freund.« Er kann das so selbstverständlich sagen, weil er eine grundsätzliche Analogie von Innen und Außen schon voraussetzt: »Die Ursachen der Revolution und ihr eigentliches Wesen, muß wenn sie wirklich historisch ächt ist, jeder Zeitgenosse in sich selbst finden können.« Deshalb ist »Bildung und Vermehrung der Seele das wichtigste und erste Unternehmen«. Die innere Revolution findet nicht zuletzt im Bildersaal statt, aber die alte Frage bleibt, was es nützt, sein Bewusstsein zu verändern, wenn die Wirklichkeit der anderen sich darum nicht scheren will.

Enthusiasmus und Wiedergeburt

In der Kunst des deutschen Mittelalters und der italienischen Renaissance fanden also die Romantiker seit Wackenroders »Herzensergießungen« und Tiecks »Sternbald« jene Versichtlichung des Unsichtbaren, auf die der wahre Enthusiasmus zielt. Als Friedrich Schlegel 1802 nach Paris geht, findet er im Louvre reichhaltiges Anschauungsmaterial für seinen Kunstenthusiasmus, gleichzeitig erhält er mit der Zeitschrift »Europa« ein Medium, in dem er den Kampf gegen die »oberflächliche« Kunstauffassung der Aufklärung und des Klassizismus, wie sie Goethes »Propyläen« vertraten, aufnehmen kann. War noch für Wackenroder und Tieck sowie für die Teilnehmer von A. W. Schlegels Gemälde-Gespräch der reife Raffael der Gipfel der Kunst der italienischen Renaissance gewesen, so nähert sich Schlegel in Paris immer mehr den Malern vor Raffael und dem frühen Raffael an. Bei ihnen findet Schlegel »das Licht des göttlichen Malergeistes« und »bei aller Mannichfaltigkeit des Ausdrucks oder Individualität der Züge durchaus und überall jene kindliche, gutmütige Einfalt und Beschränktheit, die ich geneigt bin, für den ursprünglichen Charakter der Menschen zu halten«.

So konstruiert Schlegel das Ideal einer durch keine klassizistische Künstelei verdorbenen ursprünglichen Malerei im Geiste des Enthusiasmus, die zum Modell einer Wiedergeburt werden soll. Im Bild kann der Enthusiasmus anschaulich, das Unsichtbare sichtbar werden. So heißt es über einen hl. Markus und einen »Christus, umgeben von den vier Evangelisten« von Fra Bartolomeo: »Ein wilder Enthusiasmus leuchtet aus beiden Werken und ergreift das Innerste.« Schlegel zögert an dieser Stelle noch, diese frühen Werke ohne

Umstände »für den wahren Charakter der Malerei« zu erklären, und behilft sich zunächst mit einer Entwicklungslinie zu Raffael: »Hat aber nicht Raffael selbst seinen Geist an der Feuerquelle des Fra Bartolomeo heller entzündet; ist nicht auch bei ihm der Enthusiasmus oft das Prinzip seiner gepriesensten Werke?« Schlegel interpretiert diese Bilder als Zeugnisse einer unentfremdeten Beziehung zu den Gegenständen. Wo »Wahrheit des Gefühls« ist, da ist der Enthusiasmus Prinzip des Malers, während die klassizistische und manieristische Malerei Entfremdung und Erstarrung ausdrückt: »indem der Künstler, wo er nun für den Gegenstand nichts mehr fühlte, doch den Zwang der Aufgabe und der gegebenen Bedingung desto drückender empfand, und sein Produkt dadurch nicht selten in Affektation oder Spielerei geriet, oder doch kalt blieb.« So lautet Schlegels Programm, dass sich ein erneuerter Enthusiasmus zunächst zurückwenden muss zu den Anfängen neuzeitlicher Kunst, um die durch die Spaltungen der Vernunft abgebrochenen Entwicklungen aufs Neue ins Werk zu setzen, um so einen erneuerten ganzheitlichen Weltzustand symbolisch vorauszunehmen.

In seiner Akademierede von 1807 »Über das Verhältnis der bildenden Künste zu der Natur« hat Schelling die fragmentarischen programmatischen Ansätze aus der Frühromantik systematisiert und einer breiteren kunstinteressierten Öffentlichkeit zugänglich gemacht. Die Ablehnung der Nachahmungstheorie macht es für Schelling selbstverständlich, dass die »Andacht«, mit der man gerade die frühen italienischen Maler von Giotto bis Perugino betrachtet, nicht dazu führen kann, sie nachzuahmen. Das wäre nur eine andere Art gezierter Manier. Kunst muss vielmehr den »Sinn ihrer Zeit« sichtbar machen, und so ist es lediglich der *Geist* des Enthusiasmus, den sich die heutigen Künstler zum Vorbild nehmen müssen, das Vertrauen auch, dass ein Neuanfang in der Kunst zu etwas Bedeutendem führen wird: »Alles, was von schweren oder kleinen Anfängen zu großer Macht und Höhe herangewachsen, ist durch Begeisterung groß geworden. So Reiche und Staaten, Künste und Wissenschaften.« Kunst aber ist »von öffentlicher Stimmung abhängig, sie bedarf eines allgemeinen Enthusiasmus für Erhabenheit und Schönheit, wie jener, der in dem Mediciäischen Zeitalter gleich einem wärmenden Frühlingshauch alle die großen Geister zumal und auf der Stelle hervorrief«.

Den Grundwiderspruch der Neuzeit jedoch kann Schelling nicht auflösen. Einerseits will er den Partikularismus der Moderne beseitigen – »Ohne großen allgemeinen Enthusiasmus gibt es nur Sekten, keine öffentliche Meinung« –, andererseits will er keine allgemein gültigen Gesetze für die Kunst formulieren: der Künstler kann nur dem Gesetz folgen, »das ihm Gott und Natur ins Herz geschrieben«; einerseits will er subjektive Kunst, in der Kunstkritik aber keine willkürlichen Stimmen einzelner. Schelling versucht, das Kunststück zu denken, dass Kunst ganz subjektiv sein soll, gerade dadurch aber allgemein gültig und allgemein verständlich und dem allgemeinen Enthusiasmus förderlich.

Wie schon Novalis hat Schelling in dieser Hinsicht schöne Hoffnungen, gerade was die Deutschen betrifft, aber die kann er vorerst nur in die Hände »eines väterlichen Regenten« legen. In der Idealisierung der Kunst der italienischen Renaissance bei gleichzeitiger Ablehnung des französischen Revolutionsklassizismus eines David erscheint eine liberal-patriarchalische Monarchie als die den Künstlern förderlichste Staatsform. So endet seine Rede mit einer heute etwas servil anmutenden Huldigung an den bayerischen König Maximilian I. und seinen Sohn Ludwig I. Das sollte sich auszahlen. Ludwig unterhielt bereits als Kronprinz engen Kontakt mit der romantischen Künstlerkolonie in Rom. In seiner Regie-

77

rungszeit (1825-1848) sollte München mit der Glyptothek und der alten und neuen Pinakothek zu einem Eldorado der Kunst werden. Obwohl Schellings Rede nur eine Zusammenfassung der romantischen Kunstprogrammatik war, so dass Friedrich Schlegel seinem Bruder gegenüber spottete, es fehle Schelling leider an eigenen Gedanken, »daher ihm denn nichts erwünschter sein kann, als von den Deinigen oder Meinigen bei Gelegenheit Besitz ergreifen zu können«, fand die Rede insbesondere bei Künstlern ein außerordentliches Echo.

Wahrheit und Reinheit, die Lukasbrüder

Im Frühjahr 1808 siedelt Friedrich Schlegel nach Wien und
wird zum Spiritus Rector einer Gruppe junger Schüler an der
Wiener Akademie, die im romantischen Herzenston eine Aus-
drucksmöglichkeit für ihr Unbehagen an der klassizistischen
Routine des Unterrichts finden. Bestandteile des Studiums
waren Perspektive, Anatomie, Geometrie, Faltenwurf, das
Kopieren von Meisterwerken und das Zeichnen nach Gips-
abgüssen und nach Modellen. Geleitet wurde die Akademie
von Heinrich Füger, einem Bildnis- und Historienmaler, der
seinen Stil an Anton Raphael Mengs und dem französischen
Klassizismus geschult hatte. Den Freunden Friedrich Overbeck aus Lübeck und Franz Pforr aus Frankfurt, beide acht-
zehn Jahre alt, als sie sich 1806 an der Wiener Akademie
kennenlernten, war besonders zuwider, dass ihre Zeichnungen von den Professoren mit grobem Strich korrigiert wurden. Im Frühjahr 1808 ist Overbeck zum Bruch mit der
Akademie entschlossen und schreibt an seinen Vater: »Das
sklavische Studium auf den Akademien führt zu nichts. Wenn
seit Rafaels Zeiten, wie man fast sagen kann, kein Historienmaler mehr gewesen ist, der so das Rechte gefunden hatte,
so ist nichts Andres Schuld daran als die trefflichen Akademien.« Overbecks Gegenprogramm besteht fast vollständig aus Neuformulierungen des frühromantischen Kunst-
denkens: »Eins fehlt in allen neuern Gemälden, was aber
vielleicht Nebensache sein mag – Herz, Seele, Empfindung!
Rafael hat vielleicht kaum so richtig gezeichnet wie mancher
nach ihm, bei weitem nicht so schön gemalt als mancher
Andre – und doch reicht ihm keiner das Wasser. Wo soll man
also dieses unerreichbar Scheinende suchen? – Da wo er es

Tizian, Himmlische und irdische Liebe. Um 1515

gesucht und gefunden hat – in der Natur und in einem reinen Herzen. Der junge Maler also wache vor allen Dingen über seine Empfindungen, er lasse nie so wenig ein unreines Wort über seine Lippen, wie einen unreinen Gedanken in seine Seele kommen. Wodurch aber kann er sich davor bewahren? – Durch Religion, durch Studium der Bibel, die einzig und allein den Rafael zum Rafael gemacht hat.« Die frühromantische Kunstkonzeption war jedoch in einem Kontext von lebenspraktischen Experimenten entstanden, in einer Atmosphäre von Freundschaftlichkeit und Vertrautheit, zu der nicht zuletzt ein intimer Umgang von Frauen und Männern gehörte, der Erotik oder Sexualität nicht ausschloss. Das romantische Ideal der Vereinigung von sinnlich-körperlicher und geistig-seelischer Liebe konnte im frühromantischen Kreis aus dem religiösen Erleben begriffen werden, worin die Spaltung zwischen Libertinage und Prüderie, die den Liebesdiskurs des 18. Jahrhunderts bestimmt hatte, überwunden werden sollte. Bereits die Herrnhuter Pietisten hatten einen relativ freien Umgang mit der Sexualität durchaus mit einem Leben in Frömmigkeit vereinbaren können. Die spätere Bußfertigkeit Friedrich Schlegels oder Clemens Brentanos zeigt nur umso mehr, dass in der frühromantischen Religionsbegeisterung eine Erneuerung altchristlicher Keuschheitsideale, jene Keuschheit der Engel, zunächst nicht vorgesehen war. Dagegen verwundert bei der nachfolgenden Generation der romantischen Maler, die sich um Overbeck versammeln sollten, ein verqueres Bedürfnis nach Reinheit der Empfindung, die mit Berührungsängsten dem weiblichen Geschlecht gegenüber einherging. So nahm sich Overbeck vor, »nie nach dem *weiblichen* Modell zu studieren«, um seine Empfindungen nicht zu beflecken. In einem Brief an seinen Frankfurter Freund Johann David Passavant, der sich später ebenfalls dem Künstlerbund in Rom anschließen sollte, schildert Franz

Pforr seltsame Reflexionen, die dadurch ausgelöst werden, daß Overbeck während des Zeichnens zweier (bekleideter) junger Mädchen Bürgers »Des Pfarrers Tochter von Taubenhain« spielt, eine von Bürgers Schauerballaden über Verführung und Mord in jener Tradition, die religiöse Tugend und triebhafte Sexualität zu konfrontieren vermeint, um sie in Wahrheit zu verklammern: »und nun sah ich auf das unschuldige liebenswürdige Mädchen, das vor mir saß, und fühlte, wie ich es noch nie fühlte, den hohen Grad der Verabscheuung eines solchen Bösewichts, der eine solche Unschuld töten könnte, mir kam kein Fluch für ihn würdig vor, keiner furchtbar genug, wenn er aus Wollust mit kaltem Plan ein solches Mädchen verführt. Nein, rein will ich bleiben, rein meine Empfindungen mir erhalten, um mich meiner Eltern, meiner Wohltäter und meiner Freunde würdig zu machen, das schwur ich mir und will es auch halten. Ich kann jetzt nicht begreifen, wie so viele Künstler ein so unanständiges Leben haben führen können, (da doch die feine Empfindung das nötigste und wichtigste eines Malers ist).«

Es ist ein denkwürdiger Kommentar zum Jahrhundert der Aufklärung, dass die Begabtesten einer Generation in der aufgeklärten Kultur nichts als Frivolität, Schmutz, Verfall und Oberflächlichkeit erkennen können. Die Wahl des Künstlerberufs war sicher eine Art von Flucht, jedoch war diese Generation durchaus sensibel für die wachsende Ortlosigkeit des Künstlers.

Während es in der Frühromantik Ansätze gab, diese Situation als Chance zu erkennen, scheint sich bei den Nächstfolgenden die Angst vor der Isolation auch als Angst vor der Freizügigkeit auszuprägen, so dass es nun gerade Künstler waren, die eine unbefragte und nicht zu problematisierende, also letztlich sakrale Gültigkeit von Verhaltensnormen propagierten, was zuletzt natürlich auch einen Versuch der Legi-

*Perugino, Der Kampf der Keuschheit
mit der Unkeuschheit. 1505*

Giovanni Bellini, Taufe Christi. 1501-05

timierung der künstlerischen Tätigkeit darstellt. So gab es auf der anderen Seite eine leicht wehleidige Desillusioniertheit. Franz Pforr hat diese Situierung des Künstlers in einem weiteren Brief an seinen Freund Passavant in ihrer Widersprüchlichkeit präzise dargestellt: Einerseits ist der Künstler der glücklichste Mensch, weil er frei und unentfremdet arbeitet, andererseits aber gleichzeitig – in dürftiger Zeit – der unglücklichste, weil sein Tun von einer Prozessualität ohne Ziel und gesellschaftlichen Rückhalt gekennzeichnet ist: »Ja ohne Ziel ist die Bahn des Künstlers, rastlos muß er sich fortbewegen ohne Ausruhn [...]. So eilt er fort, bis ihn der Tod ereilt. Und denn, wenn er auch mit Ehren abgetreten ist, was ist sein Los? Daß einige wenige ihn schätzen und in seinen Werken bewundernd lieben, aber die Meisten bedauern, daß ein Mensch der Kunst erlegen ist.« Angesichts einer zunehmenden gesellschaftlichen Geringschätzung des Künstlers in der beginnenden Epoche der Mechanisierung ist die erneuerte Hinwendung zur Religion Trost, ganzheitlichere Welterklärung und Rechtfertigung der eigenen Tätigkeit in einem. Dabei wird der aufklärerische Deismus, der noch auf Schleiermacher stark gewirkt hatte, revidiert bzw. übersprungen. So suchte Pforr nach unmittelbaren Wirkungen Gottes in seinen Handlungen: »Den Einwurf, daß dieses zu klein für ein Wesen wäre, das die Miriaden Sterne schuf und erhält, glaube ich leicht beantworten zu können. Für Gott ist nichts zu groß, aber auch nichts zu klein, eben darin besteht seine Größe, daß er das Kleine über dem Großen nicht übersieht.« Es ist ein Grundzug der Religionsvorstellung der Nazarener, dass die abstrakt-erhabene Gottesvorstellung im Sinne Kants ebenso abgelehnt wird wie der Goethe'sche Pantheismus, und auch die Naturreligion Runges taugt den Nazarenern nicht zur Orientierung. Der Rückgang auf die Kunstperiode Raffaels geht einher mit einer den alten Malern angemuteten naiven

Frömmigkeitsvorstellung, die von einem personal wirkenden Gott ausgeht. Die wirkliche oder auch künstlich-kokette Naivität des Gottvertrauens soll über die Zweifel hinweghelfen, ob die Kunst noch bedeutsamer Raum der Erfahrung sein kann.

Die Kritik der jungen Studenten der Wiener Kunstakademie richtet sich vor allem dagegen, dass im klassizistischen Unterricht die Darstellung von Gegenständen gefordert wurde, »die uns soweit entfernt liegen«. Stattdessen verlangt es sie nach der Darstellung des »wirklichen Lebens«, die Alltagswelt soll kunstfähig werden, und das in einer Formensprache, die zwar heiligen, der Profanität wehren, aber nicht überhöhen und nicht durch Künstelei töten, sondern Unmittelbarkeit der Empfindung und Erfahrung ausdrücken soll. Das sind verdeckt moderne Forderungen, die in den Werken der Lukasbrüder allerdings nur ansatzweise eingelöst werden. In Zeichnungen und Genrebildern des römischen Lebens treten diese Ansätze deutlicher hervor, während in den großen Tafelbildern die Verkleidung ins Biblische und das Statuarische der Figurendarstellung der Kunstfähigkeit der Alltagswelt widersprechen. Am 10. Juli 1809 waren die von Schlegel und der Frühromantik inspirierten Antiakademisten Friedrich Overbeck, Franz Pforr, Ludwig Vogel, Konrad Hottinger, Joseph Sutter und Joseph Wintergerst in ihren Kunstgesprächen so weit fortgeschritten, dass sie es für an der Zeit hielten, sich in klosterbruderischer Tradition als »Orden« zu konstituieren. Wie von A. W. Schlegel am Ende seines »Gesprächs über Gemälde« nahe gelegt, benannten sie ihn nach dem Evangelisten Lukas, der der Maler der Madonna gewesen sein soll und den sich schon die altdeutschen Malergilden zum Schutzheiligen erwählt hatten. Grundlage dieser ersten modernen Malervereinigung war die Theologie des Lukas und das in den Schriften der Frühromantik entworfene

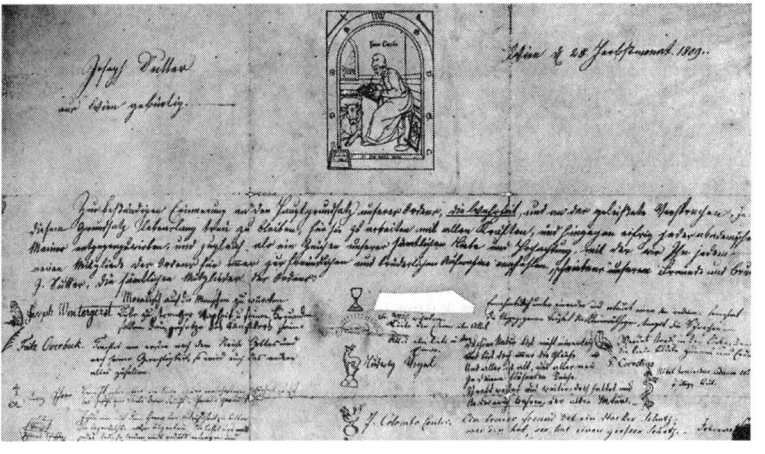

Bundesbrief der Lukasbrüder. 1809

Freundschaftsideal. Vor diesem Hintergrund brauchte der auch von allen späteren Mitgliedern zu unterzeichnende »Bundesbrief« nur zwei Grundsätze zu enthalten, die offenbar für die Freunde nicht erläuterungsbedürftig waren: der »Wahrheit lebenslang treu zu bleiben« und »eifrig jeder akademischen Manier entgegenzuwirken«. Auf die Ausführung eines detaillierten Programms und auf weitere Regeln der Zusammenarbeit haben die Mitglieder auch später in Rom verzichtet. Gerade diese Lakonie des Programms hat es möglich gemacht, dass der Vereinigung später viele in Konfession, Herkunft, Alter und Ausbildung sehr verschiedene Künstler beitraten. Es gehörte gerade zu den Intentionen der Gründer, dass ein jeder in seiner Eigenart respektiert werden und dennoch Liebe, Freundschaft und Gemeinschaft erfahren sollte. Mit Konrad Hottinger wurde einmal jedoch auch ein Mitglied ausgeschlossen, sein Name aus dem Bundesbrief entfernt.

Dem ersten Impuls nach wurde der Begriff der Wahrheit von den Lukasbrüdern als Kategorie der Zeitkritik geprägt, insbesondere der Kritik an der »Oberflächlichkeit« der Zeit und vor allem des Klassizismus. Vor dem Hintergrund des preußischen Zusammenbruchs und der französischen Besetzung und der Bildung eines deutschen Nationalgefühls weitete sich diese Kritik auf die französische Manier aus, welcher sich später auch die älteren klassizistischen Künstler wie Joseph Anton Koch anschließen konnten, die ursprünglich mit den Idealen der Französischen Revolution sympathisiert hatten. Im Übrigen gab es vergleichbare neuchristliche Inspirationen der Künstler durch den frühromantischen Kunstenthusiasmus zwischen 1806 und 1810 auch in Berlin (Wilhelm von Schadow, Wilhelm Wach), Dresden (Ferdinand Hartmann, Gerhard von Kügelgen) oder Frankfurt (Peter Cornelius, Johann David Passavant). Viele dieser Künstler stießen später in Rom zu den Lukasbrüdern.

Über den zeitkritischen Impuls des Wahrheitsbegriffs hinaus gründete Kunstwahrheit für die Nazarener nicht in den »angenommenen Begriffen« einer Kunsttheorie, die sich aus einer angeblich allgemein gültigen Vernunft legitimiert, sondern in Herz, Seele und Empfindung des Künstlers. Paradoxerweise soll sie aber als solche nicht wieder anfechtbar, der standortgebundenen Interpretation ausgeliefert sein. Kunst als Erfahrungsraum einer Wahrheit jenseits normativ geregelter Wahrnehmung wird sakralisiert, soll dem skeptischen und spöttischen Rationalismus aufklärerischer Kunstkritik als eine Sphäre der Unantastbarkeit entzogen werden. Kritik unter Gleichgesinnten war allerdings bei den Lukasbrüdern nicht nur erlaubt, sondern sogar erwünscht, wurde als Freundschaftsdienst unter Künstlern verstanden, die bei allem Bestehen auf der Empfindung durchaus Metierbewusstsein hatten. Natürlich taten sich in der römischen Zeit Diskrepanzen zwischen Programm und Praxis auf. In dem Moment, wo sich die Deutschrömer eine kulturelle Vormachtstellung in Rom zu erwerben begannen, gab es auch Zerwürfnisse, die aber nach den Zeugnissen im Interesse der Sache immer wieder beigelegt werden konnten.

Ästhetikgeschichtlich prägt sich der Wahrheitsbegriff der Nazarener in einer Wendung von der Formal- und Rezeptionsästhetik zu einer Gehalts- und Produktionsästhetik aus. In Ausarbeitung des F. Schlegel'schen Grundsatzes, das Bedeutende sei der Zweck aller Malerei, tritt die Darstellungsabsicht vor die Form der Ausführung, was dann allerdings selbst die Konsequenz hat, dass die Zeichnung als Figurendarstellung Vorrang vor Kolorit und Schattierung erhält. Die Sujets der Bibel, der Heiligenlegenden und der nationalen Epen werden im Sinne Herders und der Frühromantiker als Zeugnisse ungeschminkter und innerster Wahrheit und Charakteristik aufgefasst. Dass die Zeugnisse der Antike diesen

Ferdinand Olivier, Stammbaum der neudeutschen Kunst. 1823

Status in den Augen der Nazarener nicht beanspruchen konnten, ist daraus erklärbar, dass diese Sujets vom Klassizismus besetzt waren und dass die Vorbildlichkeit der Lebensformen in der agonalen Streitkultur der Griechen nicht gefunden werden konnte. Friedrich Schlegels These von der unwiderruflichen Abgeschlossenheit der griechischen Kunstperiode wirkte hier weiterhin.

Daraus resultiert die geschichtsphilosophische Komponente des nazarenischen Wahrheitsbegriffs, die allerdings eher eine Verdünnung der zwischen Schlegel, Novalis und Schelling entwickelten Vorstellungen ist: Die tiefste geschichtliche Wahrheit findet sich im Ursprung von Entwicklungen, wo sich das Charakteristische noch innig und einfältig ausdrückt, was eine von Winckelmann für die Griechen geprägte Denkfigur entlehnt. Wie schon in Winckelmanns Schrift »Über die Nachahmung der griechischen Werke« (1755) ist in diesem Rückgang die Vorstellung von Wiedergeburt und Erneuerung von vornherein enthalten. Der Widerspruch zwischen dem Anspruch auf Darstellung der eigenen Zeit und Wirklichkeit und dem Rückgriff auf die altchristlichen Sujets löst sich hierin auf. Dies sind allerdings retrospektive Ausdeutungen des Wahrheitsbegriffs, während das W im Signet der Lukasbrüder in der Frühphase wohl nicht mehr als eine Chiffre der Suche nach einem Neuen, Kommenden und Anderen war. Erst 1823 hat Ferdinand Olivier die Sakralisierung und die historische Legitimierung der neudeutschen Kunst in einem Widmungsblatt als Stammbaum dargestellt und damit die seit Herder gängige Metaphorik des organischen Wachstums übernommen. Die Wurzel des Baumes gründet im Boden des Christentums, insbesondere in den Worten Christi: »Ich bin die Auferstehung und das Leben« (Joh 11,25). Am Stamm ist eine Art gotischer Bildstock angebracht, der die Auferstehung in der Art Dürers zeigt, womit das Motiv der

Wiedergeburt und Erneuerung mit der altdeutschen Kunst verknüpft wird. In der Krone des Baums befinden sich Tafeln mit den Namen der Künstler, die an dieser Erneuerung teilhatten, und zwar auf der linken Seite die älteren, zum Teil noch dem Klassizismus verhafteten Künstler wie Jakob Asmus Carstens und Joseph Anton Koch und rechts die nazarenischen Maler nebst den Bildhauern Thorvaldsen, Dannecker und Eberhardt, den Stechern Amsler, Barth und Ruscheweyh und dem Architekten Schinkel. Die Darstellung hat in der Baummetapher eine vertikale Zeitachse, die die Entwicklung vom Ursprung zur neuen Höhe der Kunst ausdrückt. Die weltzeitliche Situierung wird in der horizontalen Zeitachse deutlich. Der Baum der neudeutschen Kunst steht in der Zeitenmitte, zum Ursprung hin schützt der Erzengel Michael das Gedeihen des Baumes gegen Satan und die Pharisäer, die alten und die neuen der Aufklärung, rechts weist Gabriel den Weg zum Neuen, Kommenden, zum Guten, den die nazarenischen Künstler gehen. Auch hier also fungieren die Engel als Wesen, die Auskunft über die Zeit und den Stand der Dinge geben.

Italia und Germania

In den frühen Programmstücken der Lukasbrüder um 1810, als die erste Gruppe nach Rom ging, um in dem verlassenen Franziskaner-Kloster S. Isidoro ein künstlerisches Klosterbruderleben einzuüben, erscheint der neuchristliche Wahrheitsbegriff noch nicht dermaßen scholastisch. Die ersten Bilder, die Overbeck und Pforr zur Befestigung ihrer Kunstideale und ihrer Freundschaft malen, sind Traum- und Befreiungsstücke, die aus einer als unbefriedigend erfahrenen Gegenwart herausführen, den Künstler und die Kunst mit der Welt in ein ideales Verhältnis setzen sollen. In seinen letzten Wochen in Wien malt Overbeck ein kleines Stück, »Josephs Traum« betitelt. Der Trauminhalt scheint auf den ersten Blick in nichts als einem in vorraffaelischer Manier gemalten Engel zu bestehen, dessen Züge an Overbecks Freund Pforr erinnern. Joseph, Maria und das Kind sind in einer durchaus alltäglichen, merkwürdig beengten Situation und in einer etwas verkrümmten Lage dargestellt. Gegenüber der Begrenztheit der häuslichen Räumlichkeit, in der der träumende Joseph dargestellt ist, scheint der Raum hinter dem Engel eigenartig unbegrenzt, es scheint sich eine noch unklare Zukünftigkeit zu öffnen. Dargestellt ist nach Mt 2,13, wie der Engel des Herrn Joseph auffordert, nach Ägypten auszuwandern. Die Erzählung hat bereits in der Bibel erhebliche zeitdeutende Relevanz für das Schicksal des Messias, dessen Bestimmung schon in den Ereignissen seiner Kindheit deutlich gemacht werden soll; sie ist die eigentliche Voraussetzung der Erfüllung des Prophetenspruchs, nach dem Gott seinen Sohn aus Ägypten berufen sollte. Da Pforr und Overbeck in der Frühzeit allegorische Techniken erprobten, liegt die persönlich-allegorische Lesart nahe, dass Overbeck in dem Motiv seine Abreise nach Italien als Ausbruch aus den beengenden Verhältnissen und als Vorstufe einer künftigen Berufung gestaltet hat. Denn Overbeck hatte sich, wie die meisten Deutschrömer, seinen italienischen Aufenthalt als vorübergehend gedacht. Der Ruf zurück ins Vaterland war immer wieder Korrespondenzthema der Nazarener. Overbeck sollte dann aber als einer der wenigen bis zu seinem Tod 1869 in Rom bleiben.

Im Idealportrait seines Freundes Franz Pforr von 1810 hat Overbeck den Künstler als einen mit sich und der Welt versöhnten Franz Sternbald dargestellt, der sein Italien mit zurück in die Heimat genommen hat. Der Bildrahmen fällt mit einem gotischen Fenster überein, aus dem der Maler in altdeutscher Kleidung in die Welt blickt. Im Innenraum sitzt in madonnenhafter Reinheit seine Frau, stickt und liest in einer geistlichen Schrift. Durch das hintere Fenster blickt man auf eine altdeutsche Stadt, hinter ihr aber liegt das Mittelmeer mit italienischen Gestaden. Die Vereinigung der nördlichen und der südlichen Landschaft, der altdeutschen und der altitalienischen Kunst und seine Einbindung in die christliche Gemeinschaft und bürgerliche Häuslichkeit bilden gleichsam den Rückhalt des Künstlers, der ihn klar, wach und vertrauensvoll in die Zukunft blicken läßt. Im Bildzentrum steht der romantische Blick des Künstlers; es ist ein weltverwandelnder Blick, in eine Zukunft, die den Künstler tiefsinnig und originell sein lässt, ohne dass er vereinsamt und verarmt. Overbeck wollte in dem Bild seinen Freund »in der Lage vorstellen, in dem er sich am glücklichsten fühlen würde«. Das blieb ein schöner Traum: zwei Jahre später starb Pforr in Rom an der Schwindsucht. Overbeck behielt das Bild sein Leben lang. Es hing später in seinem römischen Besuchszimmer, wo es den Besuchern aus aller Welt als Idealvorstellung vom romantischen Maler erscheinen musste.

Friedrich Overbeck, Josephs Traum. 1809/10

Friedrich Overbeck, Portrait Franz Pforr. 1810

Pforr antwortete 1811 mit dem Freundschaftsbild »Sulamith und Maria«. Es ist der Form nach ein Andachtsbild, ein kleiner Klapp- oder Reisealtar in mittelalterlicher Tradition, was bereits im Äußerlichen auf den meditativen Charakter der Kunstbetrachtung im Sinne Wackenroders verweist. Sulamith, die Braut aus dem Hohen Lied, wird als südländische Schönheit dargestellt, die gerade einem Kind einen Paradiesapfel gibt, umgeben von Tieren gleichsam in einem Paradiesgärtlein der Kunst sitzt. Overbeck schickt sich eben an, in diesen Paradiesgarten einzutreten. Das alte christliche Bildthema des hortus conclusus wird hier zur persönlichen Allegorie des Eintritts in eine kommende Kunst, die ihren Impuls aus dem Gedanken der paradiesischen Einheit und Reinheit bezieht. An diesen Garten grenzt aber ein gotisches Gehäuse in der Art Dürers, in dem eine blonde Maria sich ihren Studien hingibt. So wird auch hier wieder die Verbindung der gleichsam aus der natürlichen Frömmigkeit lebenden altitalienischen Malerei mit der tiefsinnigen Gläubigkeit der deutschen Kunst dargestellt. Nebenbei geben die Gestalten auch die Frauenideale der beiden Freunde wieder. Der Lübecker Overbeck bevorzugte den südländischen Typus, der Frankfurter Pforr war mehr fürs Blonde und Nordische. Für Overbeck war Raffael das erste Vorbild, für Pforr Dürer. So erinnert die Sulamith-Tafel an Raffaels »La Belle Jardinière« (1507), die Maria-Tafel an Dürers »Der Hl. Hieronymus im Gehäus« (1514). Im Zwickel der beiden Tafeln schreibt Johannes das Evangelium nieder. Das symbolisiert die Leitfunktion des christlichen Glaubens für den Künstler und für die Verbindung von Norden und Süden, Protestantismus und Katholizismus. Möglicherweise deutet Johannes auch auf Overbeck, den Pforr bei diesem seinem ersten Taufnamen nannte. Dann wäre auch das eine persönliche Allegorie, die Overbeck jene Leitfunktion einräumt, die er im römischen Kreis dann auch innehaben sollte.

Sulamith und Maria können sich dann in einem späteren Programmbild Overbecks von 1828, das er aber schon in der Frühzeit konzipierte, ohne weiteres in »Italia und Germania« verwandeln, die sich vor dem Hintergrund einer wiederum vereinigten nördlichen und südlichen Landschaft in Liebe, Anmut und Weichheit zugetan sind. Dem verstandesbetonten, männlichen Kunstbegriff des Klassizismus wird die gefühlsbetonte Kunstkonzeption der Romantik entgegengestellt, die im Marienbildnis ihr Zentrum hat und deren bewegende Kraft die Liebe ist.

Neben Pforr war es vor allem Peter Cornelius, der sich an der altdeutschen Kunst schulte. Er kommt 1811 nach Rom und wird nach Pforrs Tod zur zweiten großen Leitfigur der Nazarener. Mit ihm gibt es eine gewisse Spaltung der Nazarener, da sich durch seinen Rückgang auf germanische Mythologie die zentrale Bedeutung des christlichen Sujets relativierte. Er war wohl auch persönlich kein Freund übertriebener Frömmigkeit. Später wird sich um Julius Schnorr von Carolsfeld noch ein bewusst protestantischer Flügel bilden. Vor allem auf Cornelius' Initiative geht die nazarenische Erneuerung der Freskomalerei in der Tradition Giottos und Raffaels zurück, die bereits als bleibende Leistung der Deutschrömer anerkannt wurde, als die Tafelbilder noch weniger Beachtung fanden bzw. umstritten waren. Cornelius sorgte für den ersten großen Auftrag, die Ausmalung des Palazzo Zuccari an der Piazza della Trinità de' Monti, den der dort residierende preußische Generalkonsul Jacob Salomon Bartholdy zunächst an die preußischen Staatsbürger Cornelius, Schadow und Philipp Veit, den Schwiegersohn Friedrich Schlegels, vergab, die dann aber Overbeck hinzuzogen. Als Stoff wurde die Josephsgeschichte gewählt, die konfessionell

Franz Pforr, Sulamith und Maria. 1811

Raffael, La Belle Jardinière. 1507/08

Albrecht Dürer, Der hl. Hieronymus im Gehäus. 1514

Friedrich Overbeck, Italia und Germania. 1811-20

unstrittig interpretiert werden konnte. Kurz vor der Fertigstellung der Bartholdy-Fresken 1817 kam bereits der nächste große Auftrag, die Ausmalung des Casino Massimo in der Nähe des Lateran mit Szenen aus Dante, Tasso und Ariost. An der zwölf Jahre währenden Arbeit beteiligten sich Veit, Overbeck, Cornelius, Koch und später Julius Schnorr von Carolsfeld und Joseph von Führich. Mit einer geschickten überkonfessionellen und überstaatlichen Kunstpolitik hatten es die Nazarener innerhalb weniger Jahre in Rom geschafft, einflussreiche Personen von preußischen Diplomaten über Würdenträger des Vatikan bis zum bayerischen Kronprinzen für sich zu interessieren.

Bereits 1799 hatte Friedrich Schlegel im »Athenäum« die Idee entwickelt, die Künstler müssten sich zu einer Art »Hanse« zusammenschließen, um ihre eben auch kaufmännischen Interessen wirksam zu vertreten. Die Lukasbrüder waren der erste neuzeitliche Künstlerverband, der eine solche Interessenvertretung aktiv und selbstständig gehandhabt hat und es immer mehr verstand, die Auftraggeber politisch zu interessieren. Gerade die Erneuerung der monumentalen Freskomalerei erschloss im Zuge der Aufwertung der Nationalstaaten den Künstlern europaweit neue Aufgaben. Die ursprünglich als Absage an die eigene Zeit konzipierte historisch und christlich motivierte Zukunftsfreudigkeit sorgte offenbar für eine erstaunliche Durchsetzungskraft, die etwa Goethe den als schwächlich und verdreht diffamierten »Kinderpäpstlern« nicht zugetraut hätte. Overbeck selbst lehnte zwar eine Berufung nach Bayern ab, alle anderen Nazarener erschlossen sich jedoch früher oder später eine Pfründe. Cornelius ging nach Bayern, übernahm dann die Düsseldorfer Galerie, in welchem Amt ihm 1826 Schadow nachfolgte; Schnorr von Carolsfeld wurde Direktor der Gemäldegalerie und Akademieprofessor in Dresden; Philipp Veit leitete zunächst das

*Overbeck, Schadow, Cornelius, Veit, Kopien der
Bartholdy-Fresken. 1816/17*

Städelsche Kunstinstitut in Frankfurt, dann die Kunstgalerie in Mainz. Führich wurde wie vor ihm schon Cornelius und Schadow geadelt und bekam seine eigene höchst einflussreiche Kunstschule. Noch weit vor der Mitte des 19. Jahrhunderts waren fast alle wichtigen Institutionen des deutschen Kunstlebens fest in der Hand ehemaliger Deutschrömer.

Auch Overbeck hatte zunächst die Wiederbelebung einer nationalmythologischen und christlichen Kunst als handfesten Wechsel auf eine Zukunft in Deutschland betrachtet. Mit steigendem Selbstbewusstsein bekam seine Zukunftsallegorik in der Freskomalerei größere Dimensionen, löste sich aus dem Privaten. Die Szene aus Torquato Tassos National-Epos »Das befreite Jerusalem«, in der der nordisch-christliche Held Gottfried vom Engel Gabriel den Auftrag erhält, Jerusalem aus heidnischer Besetzung zu befreien, gerät ihm zur Monumentaldarstellung einer Erweckungsbewegung. Ein zum Himmel deutender Engel in Raffaels Manier weckt die in den »Religionsschlaf« (Novalis) gesunkene Christenheit und gibt dem Gottfried, der nach Tassos Berichterstattung sein Denken und Handeln allein von der Liebe zu Christus leiten ließ, das Siegesbanner in die Hand. In den 20er Jahren hatte sich die ursprünglich zeitabgewandte, subjektiv-fromme Programmatik der Nazarener bereits mit restaurativen und nationalistischen Tendenzen verquickt. Overbeck selbst allerdings hat analog zu Gottfried, der die Jerusalemer Königskrone ablehnte und nach Tasso lieber den Traum vom himmlischen Jerusalem träumte, alle Angebote für eine einflussreiche Position ebenso zurückgewiesen, wie er sich des offensichtlichen kulturpolitischen Programmbilds enthielt. Im Gegensatz etwa zu Philipp Veit, der seine monumentale »Germania« zum Sinnbild einer restaurativen nationalistischen Staatsidee gestaltete.

Friedrich Overbeck, Der Engel gebietet
Gottfried von Bouillon
die Befreiung Jerusalems. 1822

Die Künstlerrepublik in Rom

Ohnehin lassen sich die Nazarener mit ihren Kunstauffassungen und ihren Vorstellungen von idealer Gemeinschaft nicht umstandslos unter die restaurativen Tendenzen der Zeit subsumieren. Zwar sympathisierten sie aus schon von Schelling erläuterten Gründen mit der Monarchie, zwar beriefen sie sich auf Werte, die auch die Restauration zur Geltung brachte, jedoch war ihr Zusammenleben in Rom eher republikanisch und egalitär geprägt. Die ältere Generation der Deutschrömer um Koch, Carstens, Reinhart und den dänischen Bildhauer Thorvaldsen hatte ohnehin mit der Französischen Revolution geliebäugelt. Für sie war Rom im Vergleich zu den deutschen Verhältnissen ein Ort der Freiheit, eine Zuflucht vor den Anforderungen der aufgeklärt-obrigkeitlichen Staaten, die den Künstler im besten Fall als einen nützlichen Untertanen betrachteten, der sich, wenn er denn staatlich gefördert wurde, gelegentlich von Staatsbeamten herunterputzen lassen musste. Diese Künstler betrachteten ihr Zusammenleben in Rom als wegweisendes Experiment einer Künstlerrepublik, als Erprobung der Idee des Zusammenlebens freier, gleicher und schöpferischer Individuen ohne Zwang und Gesetz. Die Lukasbrüder wurden in diesem Klima wegen ihrer Frömmigkeit, ihrer langen Haare und ihrer wunderlichen Kostümierung zunächst bespöttelt, jedoch kam es sehr bald zur weitgehenden Durchdringung beider Kreise. Die schon etablierten älteren Meister näherten sich sogar der nazarenischen Kunstauffassung immer mehr an, so dass die Unterscheidung zwischen romantischen und klassizistischen Künstlern, die zur gleichen Zeit in Berlin und Dresden relativ einfach zu treffen ist, in Rom immer mehr verfließt.

Unabhängige Beobachter wie der liberale Historiker Johann Friedrich Böhmer, der sich 1818-19 in Rom aufhielt, haben die Künstlerkolonie als idealrepublikanisch und internationalistisch empfunden: »Es war ein in jeder Beziehung reges, wahrhaft ideales Leben, das damals in Rom unter den Künstlern sich entfaltete und jedem, der es mit gelebt, für alle Zukunft entscheidend geworden ist – ein Gehen und Kommen aus allen Teilen Deutschlands und anderer Länder von Jüngern der Wissenschaft und Kunst, Katholiken und Protestanten, die alle, sofern sie ein warmes Gemüth und reines Herz mitbrachten, in der kleinen deutschen Geistesrepublik ihren Sammelpunkt hatten. Da war Platz für jede Eigenthümlichkeit des Charakters, wenn nur ein ehrliches Streben nach der Wahrheit in Leben und Kunst vorhanden war.« Noch hier findet sich die frühromantische Bestimmung des Verhältnisses von Differenz und Einheit in der Machtkritik wieder. Das klingt allerdings ein wenig nach Indoktrination durch nazarenische Programmatik, denn der ebenfalls 1818 zum Nazarener-Kreis gestoßene Sachse Julius Schnorr von Carolsfeld beschreibt es ganz ähnlich. Bei ihm ist aber die immanente Kritik an der Unfreiheit unter der heimischen Obrigkeit gar nicht mehr zu übersehen: »nur hier, getrennt von allen einengenden Verhältnissen, konnte die Masse der Künstler entzündet werden, nur hier konnte der Funke der Wahrheit so bald zur Flamme werden, die auch ganz Deutschland bald erwärmen wird. In der That lebt hier der Künstler in einem ganz anderen Verhältnis; einer ist dem anderen gleich, nur wer was kann, wird geschätzt; auch ist er hier auf gewisse Weise dem Publikum näher, da der Unterschied der Stände gar nicht drückend ist, Prinz und Maler steht hier so nahe, wie es nirgends so leicht sein kann; so ist es denn nicht leicht, daß ein Mensch von einiger Geschicklichkeit unbemerkt und unerkannt bleibt.« Wackenroders antihöfisches und latent auch antipreußisches Ideal des Verhältnisses von Künstler und Gesellschaft schien in Rom annähernd verwirklicht. Dies wurde dadurch begünstigt, dass es in dem seinerzeit unter französischer Verwaltung stehenden Rom praktisch keine Präsenz der Staatlichkeit gab. Der Kirchenstaat dominierte zwar in den öffentlichen Ansichten, an Machtausübung im Sinne einer Reglementierung war aber außerhalb des Vatikans nicht zu denken, da der Kirchenstaat mit seiner eigenen Konsolidierung beschäftigt war. Trotz ihrer Oberhoheit traten die Franzosen im kulturellen Leben der Stadt sehr viel weniger hervor als die Deutschen. Während Künstler anderer Nationen in den deutschen Kreis einbezogen wurden, ging man den Franzosen möglichst aus dem Wege. So betrachteten die Deutschrömer Rom schon bald als ihr Eigentum. Dass auf dem Künstlerfest für Ludwig von Bayern 1818, das sich später als eine gewinnbringende kunstpolitische Maßnahme erwies, der Vorschlag aufkam, den Kronprinzen zum König von Rom auszurufen, wurde schon gar nicht mehr als Scherz aufgefasst.

Im Übrigen wurde die Konzeption des frommen und tugendhaften Lebens nicht dermaßen streng umgesetzt, wie es sich Pforr und Overbeck in jugendlicher Ablehnung aller Oberflächlichkeit ausgemalt hatten. Overbeck lebte nach seinem Übertritt zum Katholizismus (den er fast ganz mit Argumenten des Wackenroderschen Kunstenthusiasmus begründete, die auch Friedrich Schlegel konvertieren ließen) zwar relativ zurückgezogen, aber auch er erschien gelegentlich in einer fröhlichen Gesellschaft. Fast alle anderen aber ließen sich ohnehin gern und oft im Caffè Greco, in der Osteria Scozese, in der Osteria La Gensola oder auf den Künstlerfesten in der Umgebung Roms sehen, wo man ganz unfromm zechte, raufte und flirtete. Mit der Keuschheit und Reinheit ging es auch nicht so, wie Overbeck es sich vorgestellt hatte. Bei den

Lukasbrüdern Cornelius und Eggers z. B. konnte das Sakrament der Ehe nur noch bestätigen, was die Liebe schon vollbracht hatte. Selbst Pforr, der das unanständige Leben der Künstler so beklagt hatte, musste dann und wann »betrunken zu Bette« gebracht werden. Das alles zerstörte die Gemeinschaft nicht, obwohl die Verpflichtung auf das gemeinsame Ideal mit der Zeit lockerer wurde. So akzeptierte man auch die rauf- und sauflustigen Studentenmanieren Carl Philipp Fohrs, weil man ihn als Künstler schätzte. Mit der Zeit beruhigte er sich dann. Einzig der arg lebenslustige und querköpfige Hottinger trieb es zu weit, überwarf sich dauerhaft mit den Lukasbrüdern und wurde ausgeschlossen. So scheint es, dass jugendliche Ausgelassenheit und Ausschweifung in einem bestimmten Ausmaß mit der Vorstellung von der Reinheit und Gotteskindschaft des Künstlers durchaus in Einklang zu bringen waren. Der freundliche Gott der Nazarener drückte wohl gern ein Auge zu. So berichtet auch Böhmer: »Die kleine Akademie ward bald in einer Kneipe oder Vigne, bald bei dem einen oder dem anderen Freunde etablirt, und es herrschte bei all' dem tiefen Ernst des Strebens unter den Freunden eine Lustigkeit, die es sich öfter nicht nehmen ließ, bei nächtlicher Heimkehr dem oder jenem schlafenden Genossen noch einen Schabernack zu spielen, oder auch am helllichten Tag einen fröhlichen Schwank auszuführen, was bei der polizeilichen Ungebundenheit römischen Lebens ohneweiters anging.« Selbst bei dieser Nebenbemerkung fehlt der versteckte Hinweis auf die preußische Reglementierung nicht.

Wie der Enthusiasmus sich in der Kneipe ausprägt, ist auf vielen Darstellungen der Deutschrömer überliefert, am schönsten in einer Szene von Franz Catel von 1824 in der Trattoria Spagnola, auf der man Ludwig von Bayern mit den Deutschrömern, unter ihnen Schnorr, Thorvaldsen und Catel

*Franz Catel, Ludwig von Bayern, Thorvaldsen u.a.
in der Trattoria Spagnola. 1824*

selbst, zechen sieht. Der Kronprinz hat etwas vorgetragen und gibt eben einen Trinkspruch aus. Es scheint aber niemand zuzuhören, einige sprechen untereinander, anderen ist der Weinnachschub wichtiger, so dass es scheint, als wolle Catel auch in der Darstellung der Kneipengeselligkeit das egalitäre Moment der deutschen Künstlerkolonie hervorheben.

Seelenschönheit, Schnorr

Für Schnorr von Carolsfeld sind religiöse Gehalte und Wirklichkeitserfahrung in der Gestaltung deutlicher getrennt als bei Overbeck und Pforr, schon allein deshalb, weil er die Ästhetisierung biblischer Bildgehalte am weitesten treibt. Sie grenzen bei ihm eine entrückte und in der Bildmeditation entrückende Kunstsphäre ab. Aber auf der anderen Seite kann er in dieser Kunstsphäre, nach dem Vorbild der Renaissance-Künstler, doch Bildnisse der Familienmitglieder, Freunde, Förderer und Auftraggeber unterbringen. In Schnorrs Bildern lassen sich Seelenstände von Subjekten entziffern, die aber nicht ohne weiteres in die Lebenswirklichkeit des Betrachters rückübersetzbar sind. Vielmehr wird die Differenzerfahrung bei Schnorr zu einem wesentlichen Zweck der Kunstbetrachtung. Dies bestimmt schon seine eigene Rezeption der altitalienischen Meister, insbesondere Fra Angelicos: »hier aber ist alles wie die Offenbarung einer anderen Welt zu betrachten, den Maßstab, den wir für unsere haben, hier anzulegen, fällt mir gar nicht ein«. Schnorrs Andachtsbild »Verkündigung« von 1820 enthält alle Elemente der traditionellen Darstellungen der Begebenheit, als wichtigstes Vorbild darf aber Fra Angelicos Fresko im Kloster von San Marco in Florenz (nach 1436) gelten, das Schnorr 1817 gesehen hatte. Der Geist der innigen weltabgewandten Frömmigkeit der Darstellung verwandelt sich bei Schnorr zu einem lyrischen Ästhetizismus, der in der Szene weniger das sichtbare Heilsgeschehen als eine subjektive seelische Befindlichkeit der Erwartungsstimmung entziffert. Bereits bei Fra Angelico befinden sich Maria und der Engel unter Bögen, Schnorr gestaltet jedoch den Bildausschnitt so, daß der vordere Bogen mit der Bildbegrenzung weitgehend in eins fällt, so dass die Perspektive des Betrachters noch stärker die eines Einblicks in einen Innenraum ist, der schließlich als ein Kunstraum erscheinen wird. Die Wappen im Bogen deuten auf eine Genealogie und Historizität des Dargestellten, das nicht den Anspruch erhebt, einen unmittelbar aufgefassten Vorgang wiederzugeben. Denn in dem mittleren Medaillon ist die Verkündigung seitenverkehrt schon dargestellt, sie hat sich lange vor der Gegenwart der Szene ereignet. Nicht eine Maria aus biblischer Zeit, nicht ein biblischer Engel sind dargestellt, sondern Gestalten, die Seelenstände im Verhältnis zur Zeit verkörpern.

Bereits den traditionellen Darstellungen der Verkündigung glaubte Schnorr entnommen zu haben, »daß besonders Bilder, die für geweihte Orte bestimmt sind, nicht die besondern Eigentümlichkeiten der Wirklichkeit, wenigstens nur vermittelt tragen dürfen«. In Überschreitung dieser Ansicht will Schnorr nicht den äußeren und sichtbaren Ausdruck der Episode darstellen, etwa das Erschrecken Mariä über die Engelserscheinung oder ihre Ergebung in die Botschaft, wie es berichtet ist, sondern etwas eigentlich Unsichtbares, »das innere Schauen der Begebenheit in ihrem ganzen Umfang«, die Stimmung, die den Worten des Engels lyrisch entspricht. Während bei Fra Angelico Maria den Engel anschaut und sich ihm zuneigt, auf das imaginäre Sichtbare reagiert, hat Schnorrs Maria, die eben noch gelesen hat, ihren Blick ganz nach innen gewandt. Während der Engel bei Fra Angelico in ruhiger Ehrerbietung vor Maria kniet, eilt er bei Schnorr soeben herein, befindet sich, wie am Faltenwurf und den fliegenden Bändern abzulesen ist, noch in Bewegung. Seine Botschaft kann er eigentlich noch gar nicht vorgetragen haben, so dass es sich hier, wie oft bei den Nazarenern, um die Darstellung einer Vor- und Übergangssituation handelt, im Grunde nur eines flüchtigen Moments der Konfrontation

Julius Schnorr von Carolsfeld, Verkündigung. 1820

Fra Angelico, Verkündigung. Um 1450

zweier seelischer Befindlichkeiten. In der Spannung zwischen meditativer Selbstschau und drängender Dynamik gestaltet Schnorr den Raum der Kunst als eine Sphäre der Erwartung. Es ist der Raum der Kunst, in dem sich eine Innenwelt entziffert, in dem ein Anderes als gestaltete Gestimmtheit sinnlich erfahrbar wird.

Wie schon in Overbecks Idealporträt ist dieser Kunstraum als Arkade vor der Natur dargestellt. Die Kunst verdeckt nicht den Blick auf die Natur, aber sie bestimmt ihn in besonderer Weise. Landschaft und Umwelt werden durch die Kunst hindurch neu erfahren. Dieser Hintergrund besteht wiederum in einer idealen italienischen Landschaft, in der man rechts die Kuppel des Petersdoms erkennen kann. Die Erfahrung Italiens bildet den Halt dieser erwartungsgetränkten Kunstkonzeption, die im Bild dargestellt ist. Raffinierter noch als Pforr und Overbeck hat Schnorr diese Konfiguration von Statik und Dynamik, Innen und Außen, Fremdem und Eigenem allegorisch in eine Selbstvergewisserung über den Stand seiner eigenen künstlerischen Entwicklung erweitert, worin er sich tendenziell mit dem eintretenden Engel identifiziert. Das Bild sei ihm zur »Thüre geworden, die mich in die Vorhallen der wahren, einzig echten Kunst geleitet hat. Weil sie mich demütigte, hat sie meine Sehnsucht nach dem Wahren verstärkt, neuen Eifer und vermehrte Bestrebung erweckt.« Die Demütigung bestand in den Augen Schnorrs darin, dass er sich zunächst der Aufgabe nicht gewachsen sah, das Ganze der inneren Erfahrung der Episode darzustellen. So steht im Bild die Schwellensituation für dieses Ganze: der Künstler wie der Betrachter können in diesem Bild eine Übergangserfahrung entziffern, die Bedingung der Möglichkeit anders und ein Anderes zu sehen.

Die Hauptstadt des Obskurantismus

Nicht alle Bilder der Nazarener sind dermaßen ästhetizistisch. Jedoch wird gerade in den selbstreferenziellen Programmbildern der Nazarener die tendenzielle Modernität ihrer Bildauffassung sichtbar. Gerade sie zeigen deutlich, dass der Rückgriff auf die christliche Mythologie oft nur das Vehikel zur Darstellung der zentralen Frage nach der Verständlichkeit der Kunst ist, die immer drängender wird, wenn kein allgemein akzeptierter Naturbegriff und keine unbefragt gültige gesellschaftliche Instanz mehr existieren. Der deutschrömische Klassizist Carstens, der noch von den aufklärerisch-revolutionären Ideen beseelt war, schrieb aus Rom an den Staatsminister Heinitz in Preußen: »Übrigens muß ich Euer Exzellenz sagen, daß ich nicht der Berliner Akademie, sondern der Menschheit angehöre; [...]. Ich kann mich nur hier, unter den besten Kunstwerken, die auf der Welt sind, ausbilden, und werde nach Kräften fortfahren, mich vor der Welt zu rechtfertigen.« Für die romantisch geprägten Overbeck und Schnorr dagegen sind Gott und die Engel die Instanz, vor der sie sich verantworten wollen, damit aber vor einer Zeit, die noch kommen soll. So wird der Engel zur Leitmetapher eines erträumten sozialen Systems, in dem das künstlerische Subjekt seine Besonderheit zur Geltung bringen kann, ohne sich in der Gemeinschaft zu isolieren.

Für die Erprobung solcher idealen Vorstellungen kam offenbar um 1800 aus den erwähnten politischen Gründen nur Rom in Frage. Dabei gab es durchaus auch große Widrigkeiten im römischen Leben, die jedoch recht tapfer ertragen wurden. Viele von den Nazarenern, so auch Overbeck, Pforr und Schnorr, vertrugen, wie vorher schon Carstens, das römische Klima und die hygienischen Zustände nicht sehr gut und waren häufig krank. Dennoch klagten sie kaum über die Missstände in der Stadt, die einem überzeugten Aufklärer und Kantianer wie Carl Ludwig Fernow ins Auge sprangen. In seinem »Kultur- und Sittengemälde der Stadt Rom« erscheint Rom keineswegs als ein idealer Ort der Freiheit, sondern als verfallende und verfaulende »Hauptstadt des Obskurantismus«. Fernow beklagt den übergroßen Einfluss des Pfaffentums, das Nebeneinander von Luxus und Palästen mit Armut und Bettelei, die anachronistischen Bestattungsformen, die er für die Ausbreitung der Malaria verantwortlich macht u. a. m. Für den Weltmann erscheint Rom als »die traurigste und langweiligste Stadt der Welt«. Allerdings räumt auch Fernow ein, dass sich die Situation für den Kunstenthusiasten anders darstellt. Wer sich mit der Kunst beschäftigen will, »der findet hier Stoff für Jahre. Wenn er nun endlich diesen Zweck für sein Bedürfnis erreicht zu haben glaubt, so wird es ihm schwer, aus Rom zu scheiden, denn er weiß, daß er diese Ruhe, diese völlige Unabhängigkeit von allen lästigen Fesseln der gesellschaftlichen Konvenienz, diese stete Umgebung von großen und schönen Gegenständen nirgends wiederfinden wird.« Bei den Nazarenern überwog offensichtlich diese Erfahrung, ihr Glaube an den Genius Loci der heiligen und ewigen Stadt ließ sie Rom als einen sakral geschützten Fluchtraum vor den Anforderungen bürgerlicher Normierungszwänge sehen.

Das Beharrungsvermögen und die Durchsetzungskraft der Nazarener muten umso erstaunlicher an, als sie immer wieder das Ziel spöttischer Angriffe waren. 1817 hatte sich die Kunde von den römischen Leistungen der Nazarener schon in Deutschland verbreitet, und sogleich machten sich Goethe und Johann Heinrich Meyer daran, ihre frühere Kritik an der romantisch-mystischen Kunstkonzeption zu einer Breitseite gegen die »Neudeutsche religios-patriotische Kunst« auszuarbeiten, die nicht weniger zum Ziel hatte, als den Nazarenern einen tödlichen Schlag zu versetzen. In dem Aufsatz heißt es z. B. über Overbeck und Cornelius: »Denn, wie man es auch anstellen mag, ein freiwilliges, vorsätzliches Verzichtleisten auf alle Vorteile der ausgebildeten Kunst läßt sich nicht verteidigen, noch weniger gutheißen. Selbst mit den künstlichsten Wendungen werden die Jünger des Klosterbruders und der ›Europa‹ den gesunden Sinn doch niemals überreden, daß ein Gemälde darum erbaulicher oder vaterländischer sei, wenn es kunstlos angeordnet ist, wenn Licht und Schatten, Haltung und malerische Wirkung unbeachtet gelassen, die Figuren wunderlich kostümiert sind, wenn das Kolorit des Fleisches eintönig, die Farben der Gewänder nicht auf die erforderliche Weise gebrochen sind, und das Ganze eben deswegen flach und unfreundlich ausfällt.« Goethe und Meyer fassen hier noch einmal den Regelsatz des akademischen Klassizismus zusammen, wobei sie jedoch genau wissen, dass eben der von den Lukasbrüdern abgelehnt wurde. So werden diese unter Verdacht gestellt, einen »gesunden Sinn« eben nicht zu besitzen, zumindest ein wenig verrückt zu sein.

Anlässlich der großen Sammelausstellung der Deutschrömer 1819 im Palazzo Caffarelli, die in Rom großes Aufsehen erregte, setzen sich solche Angriffe in einer vernichten wollenden, anonymen Besprechung in der »Allgemeinen Zeitung« fort, hinter der man Goethes Partei vermutete, weil die Argumentation Ähnlichkeit mit dem erwähnten Aufsatz von Goethe und Meyer hatte. Sie stammt aber wahrscheinlich von dem erwähnten Romkritiker Fernow, dem kantianischen Anhänger des Klassizisten Carstens, der auf die nazarenische Entourage gar nicht gut zu sprechen war. 1819 hatte aber auch Friedrich Schlegel Italien bereist und sich um seine »Europa-Jünger« gekümmert. Nach seiner Rückkehr forderte ihn seine Frau Dorothea (ehemals Veit) zu einem »Gegenschlag« auf (die martialische Rhetorik war beiderseitig: Goethe hatte seinen Aufsatz als »Bombe« konzipiert, die den »Ameisenhaufen« der Nazarener in die Luft sprengen sollte). In den Wiener »Jahrbüchern der Literatur« erschien dann Schlegels Aufsatz über die Ausstellung mit einer Beilage »über den gegenwärtigen Stand der deutschen Kunst in Rom«. Im Widerspruch zu der wahrscheinlich von Fernow verfassten Besprechung versuchte Schlegel vor allem, den Vorwurf des Manierismus und Anachronismus zu widerlegen. Es handle sich bei den deutschen Malern in Rom um eine Bewegung, die »*vorwärts* zu einer neuen, aus den Tiefen des Altertums wiederhergestellten, aber dennoch frisch und lebendig aufblühenden, und wahrhaft neuen Kunst für die neue Zeit« strebe. In der Behandlung der christlichen Gegenstände sei diese Zeitgemäßheit vor allem dadurch gewährleistet, dass sie »symbolisch« dargestellt würden, wozu nun aber gerade ein gewisser »altertümlicher Stil« erfordert sei, um den Gegensatz der Kunst zum bloß Weltlichen, Natürlichen und allgemein Menschlichen deutlich zu machen. So erhebt Schlegel die Unzeitgemäßheit und die Kontrafaktur zu den Wahrnehmungsgewohnheiten zu bewusst kalkulierten Stilmitteln des modernen Werks.

Im Übrigen bemühte sich Schlegel in dem Text von 1819 noch, nicht allzu offensichtlich gegen Goethe zu argumentieren. Vielleicht deshalb, weil er immer noch auf Goethes Unterstützung für die Sammlung altdeutscher Gemälde der Brüder Boisserée hoffte (sie wurde 1821 von Ludwig von Bayern für die Alte Pinakothek angekauft). In einem Zusatz von 1825 triumphierte dann Schlegel ganz offen über Goethe. Die Sache der christlichen Kunst habe »die siegreichsten Fortschritte« gemacht, der bessere, fromme und christliche Kunstsinn habe die Oberhand gewonnen, auch der antiken

Kunst sei die christliche überlegen, weil das »geheime Seelen-licht«, das den christlichen Maler innerlich erhelle, in den Werken in schöner Klarheit »wie ein ausgesprochenes Wort« hervorstrahle. Mag dieses Urteil vor der Kunstgeschichte nicht bestehen können, so bezeichnet es dennoch einen Impuls, der in der Moderne in mehr oder weniger verdeckter Form wirksam geblieben ist.

Das serapiontische Sehen, Hoffmann

Bei keinem der romantischen Dichter führt die Reflexion über das Verhältnis von Sprache und Bild, sichtbarer und unsichtbarer Welt, so tief ins Innere der Konstruktionsprinzipien seines Werks wie bei Hoffmann. Insbesondere läßt sich seine Landschaftsdarstellung immer wieder als erzählerische Entzifferung von Bildern begreifen. Aber auch darüber hinaus erschließt sich seinen Figuren die andere Welt oft durch einen Wechsel des Blicks, der Gläser oder gar Augen, und im serapiontischen Prinzip hat Hoffmann selbst die künstlerische Tätigkeit als transformierende Manifestation des Bildes bestimmt. Es müsse der Künstler danach streben, »das Bild, das ihm im Innern aufgegangen recht zu erfassen mit all seinen Gestalten, Farben, Lichtern und Schatten; und wenn er sich recht entzündet davon fühlt, die Darstellung ins äußere Leben« zu tragen. Die Spannung zwischen der Entzifferung innerer und äußerer Bilder im Blickwechsel, der Perspektivenwechsel im Verhältnis des Sichtbaren zum Unsichtbaren, trägt wesentlich zu der beunruhigenden Doppelbödigkeit von Hoffmanns dargestellter Welt bei, und es scheint vorrangig diese zentrale Rolle des anderen Blicks gewesen zu sein, die Goethes Urteil über »die krankhaften Werke des leidenden Mannes« herausgefordert hat. An Hoffmann kritisiert Goethe eine Einbildungskraft, die über ihr Ziel hinausschießt und die Sinne verändern will oder selbst schon durch Sinnveränderung bestimmt ist. Wer zu anders sieht, wird tendenziell unter Verrücktheitsverdacht gestellt, da er sich zu weigern scheint, jenes angstlösende Remedium der Aufklärung einzunehmen, sich seines Verstandes zu bedienen und das Wahre und Wirkliche der Natur als Grundlage der künstlerischen

Erfahrung und Gestaltung anzuerkennen. In eigentümlicher Parallelität zu Hoffmann ist auch dem Maler Carl Blechen eine solche Kritik der Sinne widerfahren, und diese Parallelität wirft ein Schlaglicht auf die Veränderungen der Kunstkonzeption wie der Wahrnehmung der Wirklichkeit zwischen Klassik, Romantik und Realismus.

»Die Jesuiterkirche in G.« von 1817 ist diejenige Künstlererzählung Hoffmanns, in der die Situation des bildenden Künstlers mit dem deutlichsten zeitgenössischen Bezug entwickelt wird, und sie greift nicht von ungefähr auf Sujets und Darstellungsmittel des Schauerromans zurück. In der Binnenerzählung geht der junge Maler Berthold nach Rom – wie Franz Sternbald bei Tieck und wie durch die fiktive Künstlerfigur angeregt seit 1810 die Genossen des romantischen Malerbunds der Lukasbrüder. Ungleich jenen jedoch, die sich nach Wackenroders und Tiecks Muster von vornherein an Raffael zu schulen vorhatten, kommt Berthold mit der Absicht, sich als Landschafter auszubilden. Beeinflusst von der herrschenden Geringschätzung der Landschaft (in den großen Tafelbildern der Nazarener, da unterscheiden sie sich nicht von Koch, kam die Landschaft nur als symbolisch generalisierter Hintergrund ohne spezifische Charakteristik vor, bei den Zeichnungen verhält es sich teilweise anders), wendet er sich vorübergehend und ohne wirkliche Überzeugung davon ab. Dann aber erklärt sich (der von Goethe geschätzte Klassizist) Philipp Hackert in Neapel bereit, Berthold als Schüler anzunehmen, bei welchem er, wie der Erzähler mit gelinder Ironie bemerkt, lernt, »die verschiedenen Baum- und Gesträucharten der Natur getreu darzustellen; auch leistete er nicht Geringes in dem Dunstigen und Duftigen, wie es auf Hackerts Gemälden zu finden«. Berthold aber ist ein Geschöpf Hoffmanns und so vermisst er an den eigenen wie an Hackerts Bildern ein Unnennbares, das er bei Claude Lorrain

Philipp Hackert, Italienische Ideallandschaft. 1793

und Salvator Rosa immer wieder findet. Ein alter Malteser endlich sagt ihm, was seiner Kunst fehlt; es ist, wie sollte es verwundern, das serapiontische Schauen, der romantische Blick auf und in die Natur: die »Auffassung der Natur in den tiefsten Bedeutungen des höheren Sinns, der alle Wesen zum höheren Leben entzündet«.

Aber die Darstellung der »Urtöne der Schöpfung«, ihrer »Hieroglyphenschrift« – Begriffe, mit denen wie gezeigt schon F. Schlegel, J. Görres oder Runge die romantische Landschaftskonzeption charakterisiert hatten – gelingt dem Berthold nur im Traum. Der andere Blick auf die Natur verwandelt sich im Scheitern zur Entfremdung, in einen hoffmannesken Schauerblick, der die verdrängte Bedrohlichkeit der Natur wieder zutage fördert: »Schritt er durch den dunklen Wald, so überfiel ihn ein unheimliches Grauen; trat er heraus und schaute in die fernen Berge, so griff es wie mit eiskalten Krallen in seine Brust – sein Atem stockte – er wollte vergehen vor innerer Angst. Die ganze Natur, ihm sonst freundlich lächelnd, ward ihm zum bedrohlichen Ungeheuer, und ihre Stimme, die sonst in des Abendwindes Säuseln, in dem Plätschern des Baches, in dem Rauschen des Gebüschs mit süßem Wort ihn begrüßte, verkündete ihm nun Untergang und Verderben.« In einer schauerromanhaften Verkettung von Umständen entwickelt sich von da aus der Zusammenhang von Kunst, Erotik, Verbrechen und Wahnsinn, wie er die Nacht- und Gegenseite der romantischen Kunstfrömmigkeit bildet.

Dass man in Berthold in vielem Carl Blechen erkennen kann, geht durchaus mit rechten Dingen zu, obwohl Blechen erst nach Hoffmanns Tod, im Winter 1822, an der Berliner Akademie das Studium der Landschaftsmalerei aufnahm. Hoffmann gestaltet nämlich hier idealtypisch die Situation des Künstlers am Beginn der Moderne, der gewillt ist, anders

Carl Blechen, Pater Medardus. 1826

zu sehen. Schon die Idealisierungen des Künstlertums bei Wackenroder und Tieck konnten über einen Hintergrund an Beängstigung und Unsicherheit nicht hinwegtäuschen, denn die Befreiung aus der Abhängigkeit von Hof, Kirche oder Staat führte gerade den Maler tendenziell in eine gesellschaftliche Ortlosigkeit; die Abkehr von der verordneten Naturauffassung der klassizistischen Akademien, die Entdeckung der Subjektivität des Sehens, erfolgte um den Preis der Angst vor der Unverständlichkeit, des Kommunikationsverlusts, die das romantische Liebäugeln mit dem Wahnsinn zumindest auch dokumentiert. Dass C.D. Friedrich, Runge oder Overbeck damit rechneten, für wahnsinnig gehalten zu werden, ist nur der Reflex dessen, was man im bürgerlichen Zeitalter zunehmend vom Künstler hielt. Allerdings war dieser Zusammenhang eben zugleich literarisch vorformuliert. Blechen allerdings ist der einzige der bekannteren romantischen Maler, der tatsächlich von einer schweren Geisteskrankheit befallen wurde. Ob diese wie Bettina von Arnim gut romantisch interpretierte, vom »Anrennen eines gesteigerten Inneren gegen das mauerfeste Gefängnis der Philisterwelt« erklärt werden kann oder hoffmannesk gesprochen aus dem Auseinanderfallen der serapiontischen und der alltäglichen Wahrnehmung, muss mangels überlieferter Fakten dahingestellt bleiben.

Fest steht dagegen, dass Blechen ein geneigter E.T.A. Hoffmann-Leser gewesen ist. Als der Maler Mitte der 20er Jahre einer breiteren Berliner Öffentlichkeit bekannt wurde, hat man es sofort bemerkt. So heißt es in der Besprechung der Akademie-Ausstellung in der Spenerschen Zeitung 1826: »Unter den kleineren Studien räumen wir den Figuren höchsten Entsetzens, die, wo wir nicht irren, aus Hoffmanns Teufels-Elixiren entnommen sind, den Vorzug ein. Der geniale Hoffmann würde sich ihrer gefreut haben; denn sie sind in der Tat imstande, unser Haar sich sträuben zu machen.« Über die motivische Beziehung hinaus wird Blechen in Analogie zu Hoffmann als Maler des Unheimlichen nicht ohne Wohlwollen aufgenommen. Der Verrücktheitsverdacht, der Blechen später treffen sollte, deutet sich allerdings bereits an. So meint der nämliche Rezensent abschließend: »doch können wir uns nicht enthalten ihn zu warnen, daß er durch seine Berufsmalerei in dieser Art der Behandlung nicht zu weit gehe«.

Die beiden erhaltenen Stücke, die sich den »Elixieren des Teufels« zuordnen lassen, sind bisher als Illustrationen zum Roman gedeutet worden, deshalb hat man nach Stellen gefahndet, ohne jedoch überzeugend fündig zu werden. Betrachtet man dagegen Blechens Hoffmann-Interpretation im Zusammenhang mit der Figur des Mönchs als Prototyp des modernen Künstlers, wie er im Schauerroman des späten 18. Jahrhunderts schon gesehen wurde, so scheint der Bezug weniger in inhaltlichen Analogien zu liegen als in der Weise, in der die Situation des künstlerischen Subjekts entziffert wird. Das Ölgemälde »Pater Medardus« von 1826 mag von der Satanserscheinung im Verlies des Klosters inspiriert sein, die im dritten Abschnitt des ersten Teils erzählt wird, aber der Zusammenhang zwischen Subjekt, Requisit und Situierung stellt sich im Bild ganz anders dar. Medardus hat die Phiole mit dem inspirierenden Elixier, dem Wein (dem übrigens Blechen, Hoffmann ähnlich, in höherem Maße zusprach), von sich geworfen. Ihr entströmt ein infernalisches Licht, das den Mönch und Künstler in der angstvollen Begegnung mit dem Wahnsinn zeigt. Es ist vor allem die Gefährdung der Künstlerexistenz, die Blechen hier gestaltet. Aber das Bild hat noch eine andere Seite. Blechen griff bei der Darstellung des menschlichen Körpers meist auf Vorbilder zurück. Trotzdem oder gerade deshalb hat die Gestalt etwas Verrenktes, und das

Carl Blechen, Felslandschaft mit Mönch. Um 1826

Gesicht ist zu einer bizarren Maske erstarrt. Der Mönch ähnelt nämlich den grotesken Tänzern auf Jacques Callots Stichfolge »Balli di Sfessania«, der Vorlage für Hoffmanns »Prinzessin Brambilla«. In diesem Text findet sich denn auch eine Stelle, die dem Bild viel näher zu stehen scheint und in der die Liebesqualen des Helden grotesk bebildert werden: »›Wie‹, rief er, indem er, den rechten Fuß weit vorschleudernd, mit dem Oberleib zurückfuhr und beide Arme vorstreckte, die Finger voneinander spreizte, wie ein Gespenst abwehrend. ›Wie? – wenn sie mich nicht mehr liebte? wenn sie verlockt von den zauberischen Truggestalten des Orkus vornehmer Welt, berauscht von dem Lethetrank des Vergessens im Aufhören des Gedankens an mich, mich wirklich vergessen? –‹«. Man könnte also Blechens Darstellung ein Phantasie- und Nachtstück in Callots Manier nach Hoffmann nennen. Damit kann das Stück nicht mehr ausschließlich tragisch interpretiert werden, vielmehr erscheint diese groteske Stilisierung des Verhältnisses zwischen Wahn, Inspiration und Rausch, dem, was der Künstler sieht und der (nüchterne) Betrachter nicht, nicht ohne Humor und Selbstironie.

Beim zweiten Stück, »Felslandschaft mit Mönch« (um 1826), scheint der Bezug zum Text der »Elixiere« sich leichter herstellen zu lassen. Im zweiten Abschnitt des ersten Teils heißt es in des Medardus Erzählung: »Schon mehrere Tage war ich durch das Gebirge gewandelt, zwischen kühn emporgetürmten schauerlichen Felsmassen, über schmale Stege, unter denen reißende Waldbäche brausten; immer öder, immer beschwerlicher wurde der Weg. [...] Immer dichter und dichter wurde der Tannenwald [...]. Ich trat einige Schritte weiter und erstarrte beinahe vor Schreck, als ich dicht an einem jähen entsetzlichen Abgrund stand, in den sich zwischen schroffen, spitzen Felsen ein Waldbach zischend und brausend hinabstürzte«. Aber bei genauerem Hinsehen ist es mit

Joseph Anton Koch, Wasserfälle bei Tivoli. 1821

den Analogien der Topologie gar nicht so weit her und der Abgrund, sofern man überhaupt einen sieht, will einem gar so entsetzlich nicht erscheinen. Viel bedrohlicher sind die Felsblöcke über dem Mönch: da wird ein großer Block von kleineren gehalten, die nicht sehr fest verankert scheinen. Sicherlich symbolisiert die graue Felsformation mit den abgestorbenen Baumstümpfen ein drohendes Verhängnis und Verderben, dagegen aber steht auch ein Leben und Erneuerung versprechendes frisches Grün, und diese grünen Bäume und Sträucher, die im Baumschlag sehr sorgfältig ausgeführt sind, scheinen sich dem Subjekt gar zuneigen zu wollen. In die Gräue und Verschattung einer Umgebung ohne Himmel bricht das Licht – in der Sprache der romantischen Ästhetik die erste schöpferische Potenz, Urquelle des schöpferischen Vermögens – eine helle, grüne Schneise. Obwohl der abgebrochene Birkenstamm wie ein Riss durch das Bild geht, ist die Figur durchaus in diese Erhellung einbezogen. Blechens Mönch, ungleich dem Hoffmanns, dessen Entsetzen und Vorahnung an der erwähnten Stelle eine erzähl- und darstellbare Ursache hat, scheint in seiner Gebärdensprache auf etwas zu reagieren, was der Betrachter gar nicht sieht. Wie schon auf dem vorhergehenden Bild ist es eine Art Taumel- und Tanzpose, in der der Mönch festgehalten ist. Und möglicherweise vernimmt ja dieses Subjekt im dargestellten Augenblick jene ursprüngliche Stimme der Natur, bewegt es sich im Rhythmus ihrer Urtöne. Das könnte freilich dem profanen Betrachter nur als ein Zustand der Entrückung und Verrücktheit erscheinen. Es scheint also Blechen im Verhältnis von Natur und künstlerischem Subjekt eine ambivalente Situation zwischen Bedrohung und Erleuchtung im anderen Blick zu gestalten, wie sie sich erzählerisch verzeitlicht auch bei Hoffmann immer wieder findet.

Eros und Grauen der Landschaft, Blechen

1828 kommt es endlich zu der Italienreise, die Blechen lange ersehnt hatte. In Rom ergeht es ihm recht ähnlich wie Hoffmanns Berthold. Blechen wird bei Joseph Anton Koch aufgenommen, er lernt die Nazarener kennen, besucht wie alle Deutschrömer täglich das Caffè Greco, bewundert die Werke der altitalienischen Maler, aber er bleibt, von Genrestudien abgesehen, Landschafter, während die ansässigen Lukasbrüder überhaupt keinen reinen Landschafter nach romantischem Verständnis hervorbrachten. Koch z. B. bleibt ohnehin trotz zunehmender Nähe zu dem romantischen Künstlerbund ganz der erhabenen oder idyllischen Tradition der Darstellung der italienischen Landschaft verpflichtet. Gemäß klassizistischer Forderung wird die Natur immer auch in ihrer Wohltätigkeit für den Menschen, in Verbindung mit menschlichem Handel und Wandel dargestellt, wie es auch Goethe wohl gefiel.

Obwohl Blechens Italienansichten offensichtlich von dieser Tradition abweichen, hat man zuweilen dennoch in der Italienreise eine Art klassischer Wende in seinem Schaffen erkennen wollen. Unter dem mildernden Einfluss des italienischen Lichts soll Blechen seinen dämonischen Blick auf die Landschaft hinter sich gelassen haben. In der Tat erkennt man auf dem Bild »Das Kloster Santa Scolastica bei Subiaco« (nach Skizzen von 1829/1832 ausgeführt) auf den ersten Blick Elemente der idyllischen wie der heroischen Tradition der Darstellung der italienischen Landschaft. Unter dem Sehnsuchtsblau des italienischen Himmels sieht man im milden Abendlicht das Kloster als Ort der Geborgenheit und des Friedens. Links darunter findet sich die Andeutung einer arkadi-

*Carl Blechen, Das Kloster Santa Scolastica
bei Subiaco. Um 1832*

schen Szenerie. Aber diese Idylle ist vom Standpunkt des Malers und des Betrachters aus ein Unerreichbares: kein Weg führt dorthin, es sei denn, er ginge auf geheimnisvolle Weise durch den unergründlichen Schlund, der das Bildzentrum vertikal beherrscht, zu dem der Zugang aber überdies durch zwei heruntergestürzte Blöcke versperrt ist. Der Vordergrund liegt völlig im Schatten, die kleine heilige Familie hat im Unterschied zu der Kochs offensichtlich weder Sinn für das arkadische Leben noch einen Blick für die Erhabenheit des im Hintergrund Dargestellten, sondern ist vollständig von der Mühsal des Alltags absorbiert. Auf dem öden, unfruchtbaren Boden liegen kahle Äste wie zerschlagene Gebeine herum, auf diesem Grund kann kein schöpferischer Keim gedeihen, und in diesem Zusammenhang möchte man sich vielleicht noch einmal an die Italienerfahrung von Hoffmanns Berthold erinnern, dem in der Ehe und Familie, der Öde des Alltagslebens, die schöpferische Potenz abhanden kam.

Die Verklammerung der romantischen Kunsterfahrung mit der Erotik, die es schon bei Franz Sternbald gab und sich trotz aller Frömmigkeit auch bei den Nazarenern nicht verleugnen lässt, tritt bei Hoffmann und Blechen offen zutage. Man braucht wenig Tiefenpsychologie, um in dieser Landschaft etwas Vaginales zu sehen, was wiederum die Gegenseite zur weiblich-weichen Kunstpersonifikation der Romantiker und der Nazarener freilegt. Das Suggestive des Bildzentrums bestünde in der gleichzeitigen Verlockung und Bedrohung, die vom weiblichen Geschlecht ausgeht, in der Ambivalenz von Erregung und Verhinderung von künstlerischer Kreativität. Aber auch ohne Tiefenpsychologie wird deutlich, dass es sich hier nicht um eine verklärte Italiendarstellung handelt, dass die herkömmliche Metaphorik der Weiblichkeit der Natur zum Abgründigen überschritten wird, also die italienische Landschaft bei Blechen in der Tradition

Carl Blechen, Zwei Mönche im Park von Terni. 1830

der schwarzen Romantik Projektionsfolie sehr widersprüchlicher und untergründiger Begehrungen und Empfindungen wird, von der die Nazarener lieber nichts wissen wollten.

Auf dem Bild »Zwei Mönche im Park von Terni« (1830 ausgeführt) fehlt, wie auf vielen von Blechens Darstellungen der nördlichen Landschaft, der Himmel fast ganz; das kleine Stück, das man davon sieht, ist weißlich grau, folglich zum Lokalkolorit nicht tauglich. Das Kloster ist hier kein Sehnsuchtsbild, sondern liegt verschattet; die Frage, wie der Weg zu ihm führt, erscheint nicht vordringlich. Der im Mittelgrund dargestellte dichte Wald, dessen Belaubung teils mäßig erhellt, teils eingedunkelt ist, zieht das Auge nicht auf einen bestimmten Punkt, sondern lässt es schweifen. Er hat unergründliche, tendenziell bedrohliche Stellen, aber auch solche einer lichten Transparenz. Die beiden ins Gespräch vertieften Mönche aber nehmen die umgebende Natur offensichtlich ohnehin nicht wahr, die Ruhe des geistlichen Dialogs scheint von der schöpferischen Spannung von Licht und Schatten nicht betroffen, und so wirkt es zunächst so, als sei die Figur des Mönchs hier im Sinne der von Wackenroder beschworenen Beschaulichkeit und meditativen Geistigkeit gedeutet. Aber vielleicht eben deshalb gleichen die Figuren der Mönche in Farbgebung und Struktur den toten Stämmen mit unterspülten Wurzeln. Eine Mimesis ans Tote scheint sich zu vollziehen, wenn die Subjekte aus der Spannung des Lebendigen herausgenommen werden. So scheint auch Blechen das ambivalente Verhältnis der Romantiker zur Figur des Klosterbruders zu teilen. Einerseits erscheint er als Sehnsuchtsbild der weltabgewandten Selbstbescheidung, andererseits ist er dem Vitalismus der Romantiker zuwider, was sich z. B. im Tagebuch von C. G. Carus' Italienreise 1828 in geradezu verächtlichen Ausfällen gegen das Mönchstum niederschlagen kann: »Hier wandelten sie denn zum ersten Male um mich herum, diese Kuttenträger, meist mit geistestoten, platten Gesichtern und in ihren Zellen das Gegenteil von den Bienen in den ihrigen darstellend. [...], es verursachte mir eine gewisse geistige Übelkeit, welche selbst die Aussicht auf den herrlich von der Abendsonne beschienenen Garten der Florentiner Gegend nicht ganz tilgen konnte.« Merkwürdigerweise bleibt für den romantischen Landschafter Carus auch in der Ablehnung des Mönchstums die Verknüpfung mit der Landschaftserfahrung erhalten, die sein Vorbild C. D. Friedrich in »Mönch am Meer« (1810) so tiefsinnig dargestellt hatte.

In »Badende Mädchen im Park von Terni« (1835 ausgeführt) wirkt die nämliche Örtlichkeit mit offensichtlichem Grund wesentlich spannungsreicher. Während das Kloster fehlt, gibt es im wenn auch spärlichen Blau des Himmels und der fernen Berge wieder eine Sehnsuchtskonstellation am oberen Bildrand, scheint die frühromantische Himmelssehnsucht noch einmal zitiert zu werden, aber diese Reinheit der Höhe liegt jenseits jeden Gedankens an Erreichbarkeit. Schon bei den Nazarenern findet sich der Betrachter oft in der Perspektive dessen, der Einblicke in Innenräume erhält, die ihm sonst verschlossen sind, wobei ihm jedoch die unterkühlte Erotik der Madonnenfiguren oder die Nacktheit der Märtyrer keine Gefühle der Indezenz vermittelt. Der Betrachter von Blechens Bild befindet sich dagegen unvermeidlich in der Position eines erotischen Voyeurs. Die beiden Mädchen wirken in der Ausführung wie Zitate aus einer galanten Rokokoszene, wie sie Franz Pforr als Beweis für die moralische Verkommenheit der aufklärerischen Kunstkonzeption deutete, aber durch die Gebärde des Schreckens, die Blechen den Figuren gibt, distanziert er sich nur umso mehr von jeglichem Schäferidyll. Das Bild gestaltet vielmehr den wechselseitigen Schrecken der erotischen Begehrung, die in dem Rot-auf-weiß-Kontrast in den abgelegten Kleidern farbsymbolisch zuge-

Carl Blechen, Badende Mädchen im Park von Terni. 1830

spitzt erscheint. Im Gegensatz zu den beiden Mönchen ist dieser eigentlich verlagernde, ablenkende Blickfang des Bildes in die Zone des Lichteinfalls als einer Metapher des Schöpferischen einbezogen. Obwohl der Wald als romantische Projektionsfolie in Teilen kontrastreicher gestaltet ist als auf dem früheren Bild, findet man im Zentrum wieder eine dominierende vertikale Dunkelzone, nicht zufällig wieder in der Verbindung mit Wasser, das bei Blechen schon früh als Symbol der Fruchtbarkeit wie der bedrohlichen Unergründlichkeit eingesetzt wird.

Es mag sein, dass der Blick auf Blechen von Hoffmann her die schwarzromantischen Züge von Blechens Kunst, jenen Zusammenhang von Erotik und Schrecken in der Erfahrung der Natur, etwas einseitig hervorhebt. Aber merkwürdigerweise scheinen sich auch die realistischen Tendenzen der Italien-Studien Blechens aus dem hoffmannesken Sehen zu ergeben. Zur gleichen Zeit wie Blechen reist, wie gesagt, Carl Gustav Carus durch Italien. Trotz seiner am Naturwissenschaftlichen geschulten Beobachtungsgabe bleibt er weitgehend an die überlieferten Perspektiven der Italienerfahrung der Goethezeit gebunden. Selbst die Einöde fügt sich in die erwünschte Erfahrung des Erhabenen: »Es ist ein höchst großartiger Charakter, der dieser Campagna innewohnt! Alles öde, keine Dörfer, die langen Linien des hügeligen Bodens mit Adlerfarrenkraut hoch bewachsen, einzelne Getreidefelder, hier und da Schafherden, links eine bewaldete Schlucht, daneben ein hoher, vierseitiger Wartturm und rechts die lange Linie der Bogenstellungen eines Aquädukts.« Während Carus auch hier seinen Blick so einrichtet, dass die Landschaft nicht allzu menschenfeindlich erscheint, skizziert Blechen zur gleichen Zeit öde, unfruchtbare, ja entstellte Landschaften und Alltagsszenen jenseits des touristisch-pittoresken Blicks und übersieht z. B. auch nicht die Fabriken, die zunehmend die Landschaft verunzieren. Gerade mit Hoffmanns Augen scheint er prädestiniert, das Geheimnisvolle und Hintergründige des Alltäglichen, das Rätselhafte und Bedrohliche wie das Bekannte im Fremden wahrzunehmen. So vollzieht Blechen einen Schritt zum Realismus, ohne jedoch der Realtopologie und den Lokalfarben noch den Vorrang vor der individuellen Komposition zuzugestehen, das romantische Konzept eines Anderssehens der Wirklichkeit von der Befindlichkeit des Subjekts her preiszugeben.

So verwundert es nicht, dass Blechens Werke nach seiner italienischen Reise eine Diskussion des Italienbildes auslösten, die sich auf eigentümliche Weise mit dem Problem des künstlerischen Sehens verknüpfte. Dabei ist besonders interessant, dass Blechen dabei im Gegensatz zu manchen Nazarenern nicht als schlechter Maler beurteilt wird, es ist seine Sicht der Dinge, die auf Abwehr stößt. Anlässlich der Berliner Ausstellung im Herbst 1830 heißt es in den Berlinischen Nachrichten vom 23.10.: »Für die Charakteristik der Campagna mögen diese Bilder durch Naturtreue von unschätzbarem Wert sein, ob sie indes bei ihrer öden Gestalt, ihrem vulkanisch weißen, fast vegetationslosen Boden Aufgaben für die Malerei sind, ist zu bezweifeln, zumal wenn, wie es hier geschehen, kein ästhetischer Wert unterlegt werden konnte, oder wenigstens nicht unterlegt ist.« Dieses Urteil macht besonders gut deutlich, dass es nicht die nervös-präzise Ausführung der Landschaftsansichten war, die Anstoß erregte, diese ließ sich offenbar mit den konventionellen Kriterien noch in Übereinstimmung bringen, sondern Blechens spezifischer Blick, der den Geschmacksrahmen der Zeit und die Sehgewohnheiten, die durch die traditionelle Italiendarstellung eines Tischbein, Hackert oder auch Koch vermittelt wurden, überschreitet. Analog wurde auch Hoffmann von Goethe nicht das Talent abgesprochen, sondern seine Art des Sehenwollens wurde abgelehnt. Vorerst riet man Blechen zur »Mäßigung«, aber es sollte noch härter kommen. Nach der Akademie-Ausstellung 1832, auf der Blechen vier italienische Ansichten zeigte, schrieb der einflussreiche Kritiker Franz Kugler im »Museum« vom Februar 1833 über eines der Bilder, es sei »vor lauter Sonnenlicht undeutlich, bei aller Simplizität der Massen zerbröckelt, bei aller Eintönigkeit schreiend [...], alles Wirkung der Nachmittagssonne, die vorn auf stumpfen Kalkfelsen ihre Lichter aneinander blendet, hinten Meerwasser zieht, dies ist kein seelenvolles Antlitz der Natur und will es nicht sein, sondern seine Züge verhalten sich zu diesem wie die eines Hirnverbrannten zum gesunden Menschengesicht.« Das klingt beinahe wie ein Echo auf Goethes Kritik an Hoffmann in »Foreign Quarterly Review« von 1827, wo Goethe es bedauert, daß Hoffmanns »Verirrungen als bedeutend-fördernde Neuigkeiten gesunden Gemütern eingeimpft worden«. Die Nazarener hatten sich ja schon 1817 den Verdacht Goethes gefallen lassen müssen, nicht recht gesund zu sehen.

Ähnlich sorgt sich angesichts der Campagna-Bilder Blechens die bürgerliche Kunstkritik vorgeblich um die Nationalbildung und will sich namentlich das idyllische Italienbild nicht verderben lassen. Der latente Verrücktheitsvorwurf zielt darauf, Blechen den eigensinnigen Blick zu verbieten. Die Infragestellung der gewohnten Erscheinung löst in der Tradition der akademistischen Kritik Ramdohrs an Friedrichs »Das Kreuz im Gebirge« latente Ängste um den Bestand der gemeinsamen Verständigungsgrundlage aus. Dass Blechen wirklich wahnsinnig wurde und die aggressiven Kritiker sich bestätigt fühlen konnten, ist allerdings eine tragische Vernebelung der Problematik.

Goethe hatte seinen öffentlichen Kampf gegen die romantische Kunst resigniert aufgegeben, nachdem der Angriff auf die »religios-patriotische Kunst« keine dauerhafte Wirkung gezeitigt hatte. In seinen Aufzeichnungen blieb er aber zeitlebens mit dem Problem des künstlerischen Sehens beschäftigt. In einigen Reflexionen aus den Wanderjahren bringt er die Problematik auf den Punkt: »Wenn ich jüngere Maler, sogar solche, die sich eine Zeitlang in Italien aufgehalten, befrage, warum sie doch, besonders in ihren Landschaften, so widerwärtige grelle Töne dem Auge darstellen und vor aller Harmonie zu fliehen scheinen, so geben sie wohl ganz dreist und getrost zur Antwort, sie sähen die Natur genau auf solche Weise.« Dass diese Abkehr vom klassizistischen Konzept der Naturtreue sich gerade am Italienbild vollzog, schmerzte Goethe wohl deshalb besonders, weil seine Italienerfahrungen ja gerade den Durchbruch zu einer emphatischen Rezeption der Antike und einer pantheistischen Naturreligion gebracht hatten. Bei einem an der Tradition von Claude Lorrain, Ruysdael und Philipp Hackert geschulten Auge wollen einen diese Bemerkungen auch im Hinblick auf die über die Malerei vermittelten Sehgewohnheiten nicht verwundern, jedoch zieht Goethe daraus im Folgenden den Schluss, »dass eine Kritik der Sinne nötig sei, wenn die Kunst überhaupt, besonders die deutsche, irgend wieder sich erholen und in einem erfreulichen Lebensschritt vorwärts gehen solle«. Unter Bezug auf Kant unterstellt Goethe, dass die gemeinten Künstler an einer Deformation der natürlichen Anlage zum Sehen leiden, von der sie möglicherweise selbst nichts wissen – dabei war die Entdeckung der Relativität des Sehens eben eine Leistung der romantischen Ästhetik von Herder bis auf F. Schlegel und Hoffmann; gegen beide verhielt sich Goethe unabhängig von seiner – allerdings eher privaten – Wertschätzung Runges und Friedrichs abwehrend und abwertend. Die totalitäre Tendenz in solcher Wahrnehmungsverordnung war im 19. Jahrhundert allerdings noch nicht zu erkennen, und erst moderne Ansätze zur Sehtheorie zeigen, dass das Problem mit den Gegensätzen natürlich-unnatürlich, normal-verrückt nicht zu lösen ist. Thematisiert ist in Goethes Überlegungen aber auch der Konflikt zwischen allgemeiner (bürgerlicher) und künstlerischer Wahrnehmung, der sich durch die Auflösung des Bildungsbürgertums seither eher vertieft hat und heute deutlicher als gesellschaftliches Problem erkannt werden kann.

Eine unsichtbare Prozession, Führich

Um 1840 waren Overbeck, Cornelius, Schadow, Veit, Schnorr und Joseph von Führich international renommierte Künstler, ohne dass das Gespött über den Gegensatz inniger Madonnen mit der neuen Zeit der Dampfmaschinen, der deutschen Röcke mit »Fräcken und Kravatten« (Friedrich Th. Vischer) und der frommen Einfachheit mit den Auslagen der Boutiquen auf dem Boulevard (Heinrich Heine) aufhörte. Der mondäne Heine wollte merkwürdigerweise nicht begreifen, dass Unzeitgemäßheit spätestens seit Schlegels Sanktionierung des nazarenischen Stils 1819 zum gültigen Programm der erneuerten christlichen Bildkunst gehörte, obwohl er doch selbst seine unzeitgemäßen romantischen Elemente pflegte. Jedenfalls konnte der erst Ende der 20er Jahre aus Österreich zu den Nazarenern in Rom gestoßene Führich 1840 ganz unbekümmert um die Dampfmaschinen noch einmal ein großes Programmbild zur Sichtbarkeit des Unsichtbaren malen: »Mariä Weg über das Gebirge«.

Wiederum handelt es sich nicht um eine traditionelle Hauptszene der Mariengeschichte, sondern um eine Übergangsepisode, die bei Lukas (2,39) zwischen der Erzählung der Verkündigung und des Besuchs bei Elisabeth, der das Magnificat folgt, nur in einem Halbsatz erwähnt wird. Allerdings lässt das Lukas-Evangelium, das die Nazarener ja mit besonderer Aufmerksamkeit studierten, durchaus zu, Maria auf diesem Weg in einer besonders intensiven Zeitspannung zu sehen. Gerade das Lukasevangelium ist durchsetzt mit Zeitsymbolik, und Maria erscheint in besonderer Weise als das Medium, das bestimmt ist, zum Ausdruck zu bringen, was die Stunde des Heilsplans geschlagen hat.

Joseph von Führich, Mariä Weg über das Gebirge. 1841

Führich zufolge zeigt das Bild die werdende Mutter des Herrn, »wie sie hinausgeht in die freie Natur im Geleite einer unsichtbaren Prozession seliger Geister und über die Berge eilt, den Himmel im Herzen – unter ihren leichten eilenden Tritten mag es wie Frühling mit warmem Hauche und leisem süßen Schauer durch alle Adern der Kreatur gegangen sein, wie einfältiges Grüßen der Natur an Sie.« Aber wie man sieht, ist das Unsichtbare auf dem Bild durchaus zu sehen, es hat sichtbar gemacht, was aus der aufgeklärten Wirklichkeit schon lange verschwunden war. Maria erscheint noch einmal als Symbolfigur einer poetischen Auffassung von Kunst und Natur. Wer den Himmel im Herzen trägt, für den verschwinden die Trennungen der Vernunft, dem verwandelt sich die Natur in ein seelenvolles Wesen, dessen Sprache er versteht. So ist Mariä Weg der einer poetischen Kunst in eine versöhnte Wirklichkeit.

Noch aber ist nicht Frühling in der dargestellten Natur. Auf der Erde wächst noch wenig, und der Himmel ist bewölkt. Der Weg ist steinig und steil. Wie schon in Schnorrs »Verkündigung« scheint Maria auf ihrem Wege ganz in sich gekehrt zu sein, weniger den Weg als ihr Inneres zu betrachten. Dass sie dennoch nicht fehltritt, dafür sorgen die vorausgehenden Engel, die die Schrift lesen, in der der Weg bereits niedergelegt ist. In frühromantischer Tradition erscheint die Schrift als Poesie, als Führerin auf dem Wege der Kunst. Die himmlische Wegweisung wird durch die Engel symbolisiert, die Rosen streuen, und der hl. Lukas, der Evangelist und Madonnenmaler, sammelt die Mariensymbole auf. Der Künstler folgt dem marianischen Weg. Im Gegensatz zu den früher besprochenen Bildern stellt Führich keine ideale südliche Landschaft dar, es scheint sich um den nördlichen Teil der Alpen zu handeln. So mag aber auch hier eine persönliche Allegorie vorhanden sein, in der sich Führich retrospektiv seines Wegs nach Italien als der Schwelle seines Künstlertums erinnert.

Joseph von Führich hat die christliche Kunst als Letzter gegen den Materialismus der Zeit und den Siegeszug der Naturwissenschaften und des Realismus, oder was er dafür hielt, verteidigt. Nicht Wissenschaft, Technik und Ökonomie garantieren das Menschsein, sondern allein die Kunst, und die ist unabdingbar an die Erfahrung des Unsichtbaren gebunden: »Die Kunst ist der Mensch, und der unsichtbare, unsterbliche Geist an ihm das maßgebende und bestimmende Agens seiner in der Sichtbarkeit erscheinenden Tätigkeit, welche ihrerseits wieder bestimmt wird und sich bestimmen lässt von der übersinnlichen Welt außer ihm.« Zieht man ein etwas verdrehtes Pathos ab, so lassen sich Führichs späte Schriften als eine Kritik der zunehmenden Verdinglichung lesen, und auch von der These Nietzsches, dass sich das Leben nur ertragen lasse, wenn es ästhetisch angeschaut werde, wäre Führich nicht so weit entfernt, wenn er seine Anschauungen – aus pragmatischen Gründen oder nicht – nicht derart bedingungslos an die Institution der katholischen Kirche und ihre Liturgie gebunden hätte. Allerdings hatte Führich mit der konservativen Theologie des 19. Jahrhunderts nichts gemein; seine Thesen zur Ästhetisierung der Liturgie erregten vielmehr den Unwillen vieler Theologen, die das Glaubensgeheimnis der Wandlung bei der Kunst in unseriösen Händen sahen. Durchaus im Bewusstsein seiner eigenen Unzeitgemäßheit, in einem zuweilen schwer erträglichen Mischton von Wehleidigkeit und Heroismus, verteidigt Führich die christliche Andachtskunst als Widerstand gegen die Zumutungen der funktionalen Gesellschaft. 1869, im Todesjahr Overbecks, im Jahr der internationalen Kunstausstellung in München, die den Durchbruch des Realismus brachte, im Gründungsjahr der Sozialdemokratischen Arbeiterpartei

Deutschlands, zehn Jahre nach Marx' »Kritik der politischen Ökonomie« und Darwins »Entstehung der Arten«, war dafür außerhalb kirchlicher Zirkel aber keine Aufmerksamkeit mehr zu erreichen. Der Wunsch, den Hans Blumenberg in »Wirklichkeiten, in denen wir leben« den Künstlern zugeschrieben hat, »die Welt möge sich in anderer Weise als der der bloßen Wahrnehmung und sogar der exakten Vorhersagbarkeit ihrer Erscheinungen zugänglich erweisen«, hat sich freilich auch im 20. Jahrhundert noch nicht erledigt.

Engel in der Krise, Klee

Dass der Impuls, das Unsichtbare sichtbar machen zu wollen, nicht an eine anachronistische Christlichkeit gebunden war, zeigt nicht zuletzt das Werk Paul Klees. Es lebt an jeder Stelle aus dem Bestreben, im kreativen Prozess etwas zur Erscheinung zu bringen, das ohne diese Anstrengung nicht in die Erfahrung gelangen könnte. Vom Formalen her betrachtet erscheint bei Klee die romantische Konzeption freilich in ihr Gegenteil verkehrt. Bei den Romantikern sollte aus dem Rückgang auf eine altertümliche Formensprache ein Neues der Erfahrung entstehen, bei Klee aber blitzen in der nie gesehenen Form zuweilen archaische Erfahrungsmuster auf. An seinem Werk wird nach Blumenberg erfahrbar, »wie im Spielraum des frei Geschaffenen sich unvermutet Strukturen kristallisieren, in denen sich das Uralte, Immer-Gewesene eines Urgrundes der Natur in neuer Überzeugungskraft zu erkennen gibt. So sind Klees Namengebungen nicht die üblichen Verlegenheiten der Abstrakten, an Assoziationen im Vertrauten zu appellieren, sondern sie sind Akte eines bestürzten Wiedererkennens, in dem sich schließlich ankündigen mag, daß nur eine Welt die Seinsmöglichkeiten gültig realisiert, und daß der Weg in die Unendlichkeit des Möglichen nur die Ausflucht aus der Unfreiheit der Mimesis war.«

Trotz dieser Umkehrung ändert sich der Sprachgebrauch bei Klee gegenüber den Romantikern weniger stark, als man, ungeachtet der Rehabilitierung des Romantischen im Fin de Siècle, denken sollte. Die noch von Führich modulierten Widerspruchsdiagnosen der Romantiker bleiben in Klees Reflexionen erhalten, wenngleich man sie unter den Katastrophen-

Paul Klee, Krise eines Engels I, 1939, 1021 (DE 1)
42 × 29,6 cm, Fettkreide auf Papier
Privatbesitz Schweiz

erfahrungen des 20. Jahrhunderts anders liest. So notiert Klee 1917: »Neues bereitet sich vor, es wird das Teuflische zur Gleichzeitigkeit mit dem Himmlischen verschmolzen werden, der Dualismus nicht als solcher behandelt werden, sondern in seiner komplementären Einheit. Die Überzeugung ist schon da. Das Teuflische guckt da und dort schon wieder hervor und kann nicht unterdrückt werden. Denn die Wahrheit erfordert alle Elemente zusammen.« Zwar hatten die frühen Nazarener eine starke Neigung zur Ausblendung von Widersprüchen, einer Verbannung aller schwarzen Schatten, Führich jedoch hatte bereits den Krieg als »Zeugnis von dem Nebeneinanderleben zweier Widersätze auf unserem blutgetränkten Planeten« bezeichnet und postuliert, dass der Begriff der Versöhnung »nie und nimmer als eine Ausgleichung der beiden Widersätze« aufgefasst werden könne. Auch die romantische Auffassung der Zeitverhältnisse im Spannungsfeld zwischen sichtbarer und unsichtbarer Welt kann Klee zumindest dem Sprachgebrauch nach in seine Reflexionen übernehmen: »Ich sage es oft, aber es wird manchmal nicht ernst genommen, daß sich uns Welten geöffnet haben und öffnen, die auch der Natur angehören, aber in die nicht alle Menschen hineinblicken können, vielleicht wirklich nur die Kinder, die Verrückten, die Primitiven. Ich meine etwa das Reich der Ungeborenen und der Toten, das Reich dessen, was kommen kann, kommen möchte, aber nicht kommen muß, eine Zwischenwelt.« Freilich muss dabei bedacht werden, dass die Wissenschaften zu dieser Zeit den Zenit des Empirismus und Positivismus bereits überschritten hatten. Abgesehen von den Fortschritten der Ethnologie in den Forschungen über die Magie bei den sogenannten Primitiven und der Psychoanalyse, war auch die theoretische Physik in Denkräume vorgedrungen, die Spekulationen über Parallelwelten eröffneten, die dem Realitätsbewusstsein nicht dermaßen entgegengesetzt waren wie die romantische Himmelssehnsucht dem aufgeklärten Weltbild der mathesis.

Die romantischen Engel konnten fliegen oder schweben, konnten zu Symbolen der Zukunftsfreudigkeit werden, weil eine Welt zumindest noch für vorstellbar gehalten wurde, in der sich das allgemeine Bewusstsein mit der Subjektivität des Künstlers vermitteln lässt. Die dargestellten Engel der Nazarener provozierten die aufgeklärten Zeitgenossen weniger durch die Art der Darstellung als durch die Konfiguration ihres Dargestelltseins; an eine grundsätzliche Aufkündigung des bürgerlichen Wahrnehmungskonsenses dachten die Romantiker nicht. Als die zeitkritische Funktion dieser Engel nicht mehr erfasst wurde, ließen sie sich mit wenigen Handgriffen zum süßlichen Kitsch der Andachtsbildchen zurichten, wie sie zum Teil noch heute in den Gebetbüchern stecken, oder in eine wilhelminische Reichsheraldik verwandeln. So wäre der Ausdruck spezifischer Zeitspannung, der in der Engelsdarstellung lag, mit jeglicher Art abbildlicher Verfahrensweise zu Klees Zeit nicht mehr erreichbar gewesen. Was aber Goethe den Romantikern vorwarf, scheint für Klee gerade in den Engelblättern auf eine potenzierte Weise zuzutreffen: er verschmäht den Stand einer »ausgebildeten Kunst«, reduziert und archaisiert, scheint sich auf eine Urstufe der Darstellung, zu den Verfahrensweisen der Höhlenmalerei zurückbegeben zu wollen. Damit ist nicht auf das selbst aus dem Klassizismus tradierte Argument gegen die moderne Kunst gezielt, jedes Kind könne so was, andererseits kann die Ähnlichkeit mit Kinderzeichnungen auch nicht übersprungen werden. Sie ist vielmehr als radikale Konsequenz aus Überlegungen in die Reflexion zu nehmen, die die Romantiker noch unentschieden angestellt hatten: wenn Bewusstsein im Prozess der Technisierung deformiert und verdinglicht wird, so muss man versuchen, mit der Wahrnehmung wieder neu anzufangen.

Paul Klee, Angelus novus, 1920, 32
31,8 × 24,2 cm, Ölfarbezeichnung und Aquarell auf Papier
Israel Museum, Jerusalem

Gerade in dieser Hinsicht hat sich Klee durchaus als Erbe der Romantiker verstanden, freilich als einen, wie er 1914 notiert, kühlen Romantiker ohne Pathos und Spekulation. So lässt Klee bürgerliche Widersprüche der romantischen Kritik an der formierten Wirklichkeit hinter sich. Zwar ist auch bei Klee die Ängstlichkeit des Isoliertwerdens vorhanden, aber er kann sie in einer Haltung überwinden, die er in Parallelität zu einer relativistisch-experimentellen Wissenschaftlichkeit sieht: spekulationsfrei werden Formen auf ihre Ausdrucksmöglichkeiten hin untersucht. Was die Romantiker dunkel ahnten, wird für Klee zur Gewissheit: dass es natürliche und absolut existierende Erscheinungsformen der Dinge nicht gibt, dass die Erkenntnis der Dinge vom Standpunkt und von der Wahrnehmungsweise abhängig ist. Abstraktion bedeutet daher bei Klee nicht, von einer natürlichen Erscheinungsform abzuweichen, sondern Konstruieren von Möglichkeiten der Wahrnehmung, Aufsuchen der bewegenden Kräfte, die zum formierten Bild, zum »Form-Ende« führen, das die unsichtbaren Prozesse verdeckt, wenn es nicht auflösend betrachtet wird.

Gerade die Engel werden bei Klee zu Chiffren der Vorläufigkeit jeder Erfahrung. Die poetischen und malerischen Engel der Romantiker waren schöne und reine Kinder und strahlten eine Zukunftsfreude aus, die Kinder oft genug nicht haben. Was bei Klee von dieser hoffnungsbesetzten Kindlichkeit bleibt, ist auf Strukturen reduziert; ihrer wird man nicht mehr abbildlich ansichtig, sondern sie ist in die Verfahrensweise genommen. Auf diese reduzierte Weise bleiben sie dennoch Chiffren der Hoffnung, freilich einer, die sich weigert, jetzt auszumalen, was sein soll. Klees Engel sind fast alle im Werden, so etwas wie Flügel haben sie zumeist, ob sie fliegen können, bleibt ungewiss.

Zumal die letzten Engel, die Klee schuf, verweigern sich

Paul Klee, Ohne Titel, 1940 N 1
100 × 80,5 cm, Öl auf Leinwand auf Keilrahmen
Privatbesitz Schweiz

einem verdinglichenden Sehen. Klee scheint gerade bei diesem Sujet zu früheren Formexperimenten zurückzukehren; so scheinen gerade die Engel sich dem »Form-Ende« zu verweigern, sie scheinen nicht recht zu wissen, welche Gestalt sie denn annehmen sollen. Einer ist in der Krise und scheint vergeblich zum Himmel zu schauen, ein anderer ist vergesslich, er weiß wohl nicht mehr, woher er kommt und wie man fliegt, aber dann ist doch wieder einer »voller Hoffnung«, obwohl er etwas ikarisch zerschlagen aussieht. So erscheint trotz aller Beschädigung, die die Vorstellung vom Engel bei Klee erleidet, in der letzten großen durchgeführten Komposition Klees, die er wohl als eine künstlerische Summe betrachtete, das Bild des Engels als Bild im Bild, als symbolische Beschwörung eines ursprünglichen Zusammenhangs, der auch die ganz alltäglichen Dinge verbindet. Dieser Gedanke jedoch hat einen Ort nur noch in der Kunst, ist in ihren Formen eingekapselt.

Jeder Engel ist schrecklich, Rilke

Die ästhetische Religionsvorstellung der Romantiker mitsamt den euphorischen Vorstellungen von Freundschaft, Liebe und Frieden hatte den alttestamentarischen Schrecken der Engelserscheinung verbannt. In dieser Beziehung blieben auch die Romantiker an die aufklärerische Illusion gebunden, man müsse dem Menschen nur die Furcht nehmen, um ihn glücklicher und friedlicher zu machen. Auf der nächtigen Seite des Romantischen stieg freilich die verdrängte Furcht vor der Natur und ihren Geistern als Angst aus der menschlichen Seele wieder hervor.

In den »Duineser Elegien« scheint Rilke gleich eingangs auf diesen Zusammenhang Bezug zu nehmen und an den archaischen Schrecken der Engel erinnern zu wollen:

Wer, wenn ich schriee, hörte mich denn aus der Engel
Ordnungen? Und gesetzt selbst, es nähme
einer mich plötzlich ans Herz: ich verginge vor seinem
stärkeren Dasein. Denn das Schöne ist nichts
als des Schrecklichen Anfang, den wir noch gerade ertragen,
und wir bewundern es so, weil es gelassen verschmäht,
uns zu zerstören. Ein jeder Engel ist schrecklich.

Allerdings gibt es in der ersten Elegie nichts, was an Engelsvorstellungen einer archaischen »gedeuteten Welt« erinnerte. Rilke hat in einem Brief an seinen polnischen Übersetzer 1925 denn auch jede Beziehung zur jüdisch-christlichen Überlieferung fast unwillig ausgeschlossen: »Wenn man den Fehler begeht, katholische Begriffe des Todes, des Jenseits oder der Ewigkeit an die Elegien oder Sonette zu halten, so entfernt man sich völlig von ihrem Ausgang und bereitet sich ein immer gründlicheres Mißverstehen vor. Der ›Engel‹ der Elegien hat nichts mit dem Engel des christlichen Himmels zu tun [...]. Der Engel der Elegien ist dasjenige Geschöpf, in dem die Verwandlung des Sichtbaren in Unsichtbares, die wir leisten, schon vollzogen erscheint. [...]. Der Engel der Elegien ist dasjenige Wesen, das dafür einsteht, im Unsichtbaren einen höheren Rang der Realität zu erkennen, – Daher ›schrecklich‹ für uns, weil wir, seine Liebenden und Verwandler, doch noch am Sichtbaren hängen.« So erscheint der Engel als eine vom furchtsamen Menschen wie gegen seinen Willen entworfene Vorstellung, als Gegenbild seiner eigenen Befangenheit im Seienden und Sichtbaren, und in dieser Gegenbildlichkeit schlägt das romantische Verhältnis des Sichtbaren zum Unsichtbaren um. Nicht mehr soll in der Kunst Unsichtbares sichtbar gemacht werden, wie es Klees Maxime noch sein konnte, vielmehr ist es die Aufgabe der Kunst, die Dinge in Unsichtbares zu verwandeln. In diesem Prozess aber muss sich der Mensch notwendig in seiner Endlichkeit und Verletzlichkeit erkennen. So wird die menschliche Produktion von Schönheit als Schein selber zum Grund der Klage des Dichters, der sich eingangs der zweiten Elegie in verzweifelter Paradoxie darstellt, wenn er dem menschenabgewandten und schrecklich Schönen dennoch seinen Gesang widmet. Die Ferne der Engel wird in der zweiten Elegie zeitlich und räumlich näher bestimmt. Es ist zunächst eine historische Ferne: die »Tage Tobiä« sind lange dahin, es gibt keine visionäre Gegenwärtigkeit des Himmlischen mehr; dass ein Engel als Zeichen der Zugewandtheit Gottes Menschengestalt annimmt, helfend und heilend ins Menschengeschehen eingreift, wie es im Buch Tobias beschrieben war und wie es die Romantiker im Kunstenthusiasmus imaginieren konnten, liegt jenseits der Vorstellbarkeit und Erreichbarkeit. In übereinander stürzen-

den Bildern wird dann die Vorstellung vom Engel kosmolo-
gisch verräumlicht:

> Frühe Geglückte, ihr Verwöhnten der Schöpfung,
> Höhenzüge, morgenrötliche Grate
> aller Erschaffung, – Pollen der blühenden Gottheit,
> Gelenke des Lichts, Gänge, Treppen, Throne,
> Räume aus Wesen, Schilde aus Wonne, Tumulte
> stürmisch entzückten Gefühl und plötzlich, einzeln,
> *Spiegel*: die die entströmte eigene Schönheit
> wiederschöpfen zurück ins eigene Antlitz.

Engel als Gattung gedacht fallen überein mit der Entstehung
und Ausdehnung des Kosmos selbst. So sind sie nur in der
Paradoxie zu denken, dass ihre Existenz nur im Stande einer
ursprünglichen Einheit der Schöpfung gedacht werden kann.
In dem Moment, wo ein Einzelnes unterschieden wird, im
Moment der Subjekt-Objekt-Spaltung, verwandeln sie sich in
ein tautologisches Paradoxon, werden zu einem Kunstgegen-
stand, der nichts widerspiegelt als sich selbst, der keinerlei
Vermittlungsfunktion übernehmen kann. So ist die Engelwelt
für jeden denkbaren Fall nur als räumliche und zeitliche Ge-
genwirklichkeit und Gegenbildlichkeit denkbar, Weltzeit und
Lebenszeit, Weltraum und Lebensraum werden in unüber-
brückbare Distanz gesetzt. Vor dieser Gegenbildlichkeit kann
sich der Mensch nur als das ohnmächtig Dahinschwindende
begreifen. Liebe und Gemeinschaft werden sinnlos, die ge-
deutete Welt wird als zerbrechlich erkannt, hinter ihr ist
nichts mehr. So wird der Mensch nicht gebraucht und wagt
nicht zu sein. In dieser Gegenüberstellung begreift das Subjekt
des Gedichts die eigene Zeit als eine der Götter- und Bilder-
ferne, in der der vereinzelte Mensch in den Zeichen einen Sinn
nicht mehr erkennen kann.

Eben um diese Vereinzelung der Stimme des Subjekts aufzuheben und ihr ihren Ort in der Harmonik der Schöpfung wiederzugeben, wollten die Romantiker die Mythologie wieder erschaffen, sie sollte dem schöpferischen Individuum Halt und Himmel geben. Für das Subjekt der »Duineser Elegien« steht ein solches Projekt außer Betracht, es sieht sich mit allen seinen Fragen und Begehrungen auf sich selbst, auf die Einzelheit seines Herzens zurückverwiesen. Sein Unglück aber, der Anlass zur Klage, ist, dass sich dieses Herz im Widerspruch zu seiner Erkenntnis selbst übersteigt, Vorstellungen von sich entwirft, für die es in der gott- und bilderlosen Zeit keinen Halt und kein Maß gibt, denn: »wir können ihm nicht mehr / nachschaun in Bilder, die es besänftigen, noch in / göttliche Körper, in denen es größer sich mäßigt.«

Verschwunden ist jener Gedanke der Einheit von Schönheit, Wahrheit und moralischem Gesetz, das den vereinzelten und furchtsamen Menschen mit sich und der Welt versöhnen sollte. So ist die poetische Klage der ersten beiden Elegien auch Kritik des Scheins, Kritik des Ästhetizismus. In der ersten Elegie gab es die abstrakte Ineinssetzung des Engels mit der Schönheit, in der zweiten wird der Engel mit jenem »plötzlich«, das auf der geschichtsphilosophischen Ebene des Textes die Subjekt-Objekt-Spaltung markiert, in einer schockhaft aufblitzenden Erkenntnis mit dem »L'art pour l'art«-Gedanken in eins gesetzt. Engel sind wie die imaginären kristallinen Artefakte Mallarmés, die nichts bedeuten als sich selbst. Auch die Spiegelmetaphorik bestätigt, dass Rilkes Engel im Gegensatz zur Auffassung Romano Guardinis nicht aus der christlichen Tradition der Angelologie verstanden werden können. Zwar hatte schon Thomas von Aquin die Engel mit Spiegeln verglichen, aber gerade insofern, als in ihnen die Ähnlichkeit Gottes und der Menschen zu erkennen sei. Die Engel als Spiegel sind also gerade vermittelnde Medien, Garanten des Zusammenhangs von Himmel und Erde, während die Engel als selbstgenügsame Ästhetika diese Vermittlungsfunktion eben nicht erfüllen.

Die Himmelssehnsucht des Subjekts der ersten »Duineser Elegien« reduziert sich auf eine bange Frage: »Fangen die Engel / wirklich nur ihriges auf, ihnen Entströmtes, oder ist manchmal, wie aus Versehen, ein wenig / unseres Wesens dabei?« Dass dieser Möglichkeitsrest in einem Heilsplan vorgesehen sein könnte, wird dabei ausgeschlossen. Und doch wird der Engel in den Elegien weiterhin angesprochen, ja, es scheint, dass das Subjekt der Elegien mit fortschreitender Selbstentzifferung auch seine hypothetisch formulierte Furcht vor einer Präsenz des Engels und damit der Schönheit bewältigt. So kommt es in der siebenten Elegie zu einer paradoxen Einheit von Engelanruf und Engelabwehr: »Engel, und würb ich Dich auch. Du kommst nicht. Denn mein / Anruf ist immer voller Hinweg; wider so starke Strömung kannst Du nicht schreiten«. Das Subjekt scheint im Verlauf seiner Klage eine Kraft in sich entdeckt zu haben, die die Bedrohlichkeit des Engels mindert, es fühlt sich fähig, die Distanz zur Engelwelt nicht nur zu akzeptieren, sondern aus eigener Kraft zu suchen. Gleichzeitig wird in dieser Figur das Verhältnis des Menschen zum Schönen weiter bestimmt: es ist eines wesenhafter Ferne.

Dennoch ist die achte Elegie noch einmal Klage um die schwächliche Konstitution des Menschen. Er erscheint als das einzige Wesen, das unfähig ist, ins Offene zu blicken und zu gehen. Er ist im System der gedeuteten Welt befangen, kann das Freie, die wahre Natur der Dinge nur als Schein und Spiegelung wahrnehmen, die er sich überdies verdunkelt. Alles, was Menschen tun, ist beschwert von Erinnerung und drohendem Verlust, so lebt er niemals im Jetzt: »so leben wir und nehmen immer Abschied«.

Auch die neunte Elegie hebt mit einem »Warum« an, scheint abermals klagend und fragend das menschliche Dasein als Qual ohne Sinn hinstellen zu wollen, in der jeder Glücksanspruch scheitern muss. Dann aber schlägt die Klage um in den positiven Entschluss zur Erde, zu den Dingen, zum Hiersein. Was in der Gegenbildlichkeit der Engel und einer absoluten Schönheitsvorstellung nichtig und schwach erschien, wird in der Hinwendung zum Lebendigen plötzlich zum »viel«. Der Entschluss zur Erde ist ein Entschluss zur Mündigkeit, so begrenzt sie auch sein mag. Der Mensch kann das Buch der Schöpfung in eigener Verantwortung lesen, freilich nur »ein Mal«, diesmal und hier. Mit dieser Wendung ist der Schrecken der Engelwelt aus der Elegie verschwunden und zugleich die Klage um die Ferne der Götter- und Bilderwelt. Der archaische Mensch staunte und erschrak vor der unfassbaren Herrlichkeit der Engelwelt, das mündig gewordene, wahrhaft zur Sprache gekommene Subjekt kann sich nun eine Umkehrung vorstellen:

Preise dem Engel die Welt, nicht die unsägliche, *ihm*
kannst du nicht großtun mit herrlich Erfühltem; im Weltall,
wo er fühlender fühlt, bist du ein Neuling. Drum zeig
ihm das Einfache, das, von Geschlecht zu Geschlechtern
                            gestaltet
als ein Unsriges lebt, neben der Hand und im Blick.
Sag ihm die Dinge. Er wird staunender stehn; wie du
                            standest
bei dem Seiler in Rom, oder beim Töpfer am Nil.
Zeig ihm, wie glücklich ein Ding sein kann, wie schuldlos
                            und unser,
wie selbst das klagende Leid rein zur Gestalt sich
                            entschließt.

Die Klage ist umgeschlagen in einen Hymnus auf das menschliche Dasein und die Sprache als Tradition und Gegenwart. Die Welt hat Sinn erst, wenn sie gesprochen und gelesen wird. Die Rettung der Dinge besteht darin, dass sie gesagt werden, allein im Menschen werden sie sinnvoll, und alle Sinnproduktion besteht in der Verwandlung des Sichtbaren ins Unsichtbare: »Erde, ist es nicht dies, was du willst: *unsichtbar* / in uns erstehn?« Schon bei Friedrich Schlegel wurde die poetische Sprache als Widerstand gegen die Tyrannei der Dinge gedacht, bei Rilke wird sie zu deren Erlösung aus dem Zwangszusammenhang des Natürlichen wie des Gesellschaftlichen.

Der Umschlag von der Klage um die Unerreichbarkeit des Absoluten und die Endlichkeit des Menschen zum Sagen der Dinge bezeichnet zugleich Rilkes endgültige Abkehr von einer ästhetizistisch-narzisstischen Dichtungskonzeption, die als »Wendung ins Mythische« unzureichend, wenn nicht unzutreffend charakterisiert ist. Kunst ist keine hermetisch-perfekte Welt mit autonomer Gesetzlichkeit, sondern als symbolisches Medium zugleich soziales Faktum und geistiges Handeln, das Orientierungsmöglichkeiten erschließt. Kunst geht aus von natürlichen und sozialen Fakten, sie wird selbst Fakt und vergeht, verstummt darin. Was sie symbolisch abbildet, sind aber nicht Dinge, sondern Prozesse der Verwandlung.

Die romantische Unentschiedenheit zwischen Innen- und Außenfundierung sinnproduzierender Systeme und mit ihr der romantische Obskurantismus lösen sich bei Rilke auf. Kunst erscheint als ein symbolisch generalisiertes Kommunikationsmedium, das zur Welt in einem notwendigen Differenzverhältnis steht. Nur dadurch ist es wandlungsfähig, in der Lage, auf veränderte Problemlagen im Verhältnis von Individuum, Gesellschaft und Natur zu reagieren. Die Dinge haben Sinn, höhere Realität erst dann, wenn sie durch das

Medium des Artefakts ins Bewusstsein eingegangen sind. Selbst Engel existieren erst dann, wenn sie Sprache geworden sind, aber es gibt sie. In der Differenz des Individuellen und Allgemeinen legitimiert sich die Kunst, einer neuen Mythologie bedarf es nicht, weil die Kunst in der entgötterten Welt an die Stelle der Mythologie getreten ist. In der Sprache der Kunst entziffert sich das Individuum, das sich niemals vollständig kennt, in seiner Prozessualität, setzt sich mit seiner Zeit und den Dingen ins Verhältnis. So wird bei Rilke das romantische Sinnbegehren in den Prozess der Aufklärung rückgeführt. Damit bietet Rilke ein nach wie vor bedenkenswertes Gegenmodell zum neueren Bedürfnis nach Heiligkeit, das nicht zufällig mit einer Vernebelung des Mythos-Begriffs einhergeht, der nicht nur Rilke zufolge in dem der Kunst aufgegangen ist.

Das Glück und der Himmel
der Geschichte, Benjamin

Wenn man mit Rilke davon ausgeht, dass es Engel zwar gibt, aber dass sie nicht mehr so stark sind wie einst, als sie von Religion ermächtigt waren, muss man Mitleid mit Walter Benjamins Engel haben: er trägt schwer an seinen Deutungen. Insbesondere hat Gershom Scholem in »Benjamins Engel« (1972) die Darstellung der Verwandlungen in Benjamins zentralem Meditationsbild als quasi-kabbalistische Entschlüsselung betrieben. Dem ist wenig hinzuzufügen – zumal man bei den persönlichen Aspekten und den angeblichen Beziehungen zur Kabbala weitgehend auf Scholems Informationen angewiesen bleibt –, vielleicht wäre eher dem Benjaminschen Engel etwas abzunehmen, indem er in der Perspektive des bisher Dargestellten betrachtet wird.

Dass der Engel immer noch für ein an die Zukunft gerichtetes Glücksbegehren stehen kann, hat Benjamin in der »Berliner Kindheit um 1900« bereits in der frühsten Erfahrung der Weihnachtsvorfreude retrospektiv entziffert: »Kaum aber hatte ich so schweren Herzens, wie nur die Nähe eines sicheren Glücks es macht, mich vom Fenster abgewandt, so spürte ich eine fremde Gegenwart im Raum. Es war nichts als ein Wind, so daß die Worte, die sich auf meinen Lippen bildeten, wie Falten waren, die ein träges Segel plötzlich vor einer frischen Brise wirft: ›Alle Jahre wieder, kommt das Christuskind, auf die Erde nieder, wo wir Menschen sind‹ – mit diesen Worten hatte sich der Engel, der in ihnen begonnen hatte, sich zu bilden, auch verflüchtigt.« Benjamin gestaltet hier eine Konfiguration wohl bekannter Konnotationen. Die Zeitspannung der Vorfreude wird als Bewegung in den Raum verlagert. Als Hauch, Atem und Richtung, ein Metaphern-komplex, der von jeher die Seele und das Lebendige bezeich-net, bringt sie in der Resonanz im Menschen, seiner Sprach-fähigkeit, die Vorstellung vom Engel hervor. Auch Rilke bezeichnete seine Elegien als »Segel-Tuch«, das von seinem Atem gefüllt werde. In den Worten aber verschwindet bei Benjamin der Engel. Sein Entstehen wird im Gegensatz zu Rilke im flüchtigen Moment zwischen Erfahrung und Spra-che angesiedelt.

Diese Wahrnehmung, die möglicherweise gar nicht meta-phorisch verwandelt worden ist, sondern auch eine tatsäch-lich erfahrene Verklammerung von Sinneseindruck und Vor-stellung sein könnte, taucht noch in der spätesten Reflexion über das Glück über alle Katastrophenerfahrungen hinweg wieder auf. Es sei »das Bild von Glück, das wir hegen, durch und durch von der Zeit tingiert [...], in welche der Verlauf unseres Daseins uns nun einmal verwiesen hat. [...] Die Ver-gangenheit führt einen heimlichen Index mit, durch den sie auf Erlösung verwiesen wird. Streift denn nicht uns selber ein Hauch der Luft, die um die Früheren gewesen ist? Ist nicht in Stimmen, denen wir unser Ohr schenken, ein Echo von Ver-stummten? [...] Ist dem so, dann besteht eine geheime Verab-redung zwischen den gewesenen Geschlechtern und unserem. Dann sind wir auf der Erde erwartet worden.« So stellt sich auch für Benjamin die Sinnerfahrung nur ein, wenn es gelingt, den Moment in den unsichtbaren Zusammenhang zu stellen. Subjektivität müsste sich vereinzeln und verlieren, wenn sie nicht selbst ihre bestimmte Form einem Traditionszusam-menhang verdankte. Die Momentanerfahrung des Subjekts in einem solchen Zusammenhang zu sehen erschien schon den Romantikern als Rettung vor der Vereinzelung.

Auch die berühmte IX. geschichtsphilosophische These ist

viel mehr eine Neuinterpretation romantischer Motive im Bezug auf die Katastrophenerfahrung des 20. Jahrhunderts als eine Deutung des Bildes von Klee, dessen formale Intentionen Benjamin ignoriert. So übersetzt z. B. Benjamin den Titel »Angelus Novus« mit mehr oder minder diffusem Bezug auf die Kabbala häufig mit »Neuer Engel«. Im Kontext von Klees Prozessvorstellungen und seiner Verfahrensweise wäre er aber sinnvoller als junger Engel zu denken, als einer, der es noch werden muss. Benjamins Deutung lautet: »Es gibt ein Bild von Klee, das Angelus Novus heißt. Ein Engel ist darauf dargestellt, der aussieht, als wäre er im Begriff, sich von etwas zu entfernen, worauf er starrt. Seine Augen sind aufgerissen, sein Mund steht offen und seine Flügel sind ausgespannt. Der Engel der Geschichte muß so aussehen. Er hat das Antlitz der Vergangenheit zugewendet. Wo eine Kette von Begebenheiten vor *uns* erscheint, da sieht *er* eine einzige Katastrophe, die unablässig Trümmer auf Trümmer häuft und sie ihm vor die Füße schleudert. Er möchte wohl verweilen, die Toten wecken und das Zerschlagene zusammenfügen. Aber ein Sturm weht vom Paradiese her, der sich in den Flügeln verfangen hat und so stark ist, daß der Engel sie nicht mehr schließen kann. Dieser Sturm treibt ihn unaufhaltsam in die Zukunft, der er den Rücken kehrt, während der Trümmerhaufen vor ihm zum Himmel wächst. Das, was wir den Fortschritt nennen, ist *dieser* Sturm.«

Es gibt kaum ein Detail in dieser These, das sich nicht als Überschreitung romantischer Motive deuten ließe. Das Bild der Geschichte als Beinhaus des von der Vernunft Zerschlagenen findet sich bereits bei Hamann, das Bild des Winds vom Paradiese her ist romantisches Allgemeingut, das noch Andersen im Märchen aufgreift, und der Engel ähnelt in seiner Position zu den Begebenheiten dem F. Schlegelschen Historiker als umgekehrtem Propheten. Aber das ist angesichts der ausgiebigen Romantik-Studien Benjamins nicht verwunderlich, es lenkt die Aufmerksamkeit nur umso mehr auf die Unterschiede, denn nichts lag Benjamin um 1940 ferner als eine Erneuerung esoterischer romantischer Spekulation über die Natur des Himmels und der Geschichte. Nicht zufällig hat Benjamin die Weigerung, die Thesen zum Zeitpunkt ihrer Entstehung im Exil zu veröffentlichen, damit begründet, er wolle sich nicht einem »enthusiastischen Mißverständnis« aussetzen. Wie schon die Romantiker in der Kritik der Aufklärung sah sich Benjamin in seiner Kritik eines sozialdemokratisch-aufklärerischen Fortschrittsbegriffs auf Bilder und Begriffe der jüdisch-christlichen Überlieferung verwiesen. Die romantische Himmelssehnsucht aber war für ihn eine anachronistische Angelegenheit. Die Kontinuität zur Romantik lag für Benjamin in der Idee der Konstruktion, nicht aber in den Ansprüchen und Antworten der Romantiker. Zwar weiß er, dass ein messianischer Anspruch als Ausdruck eines unvorgreiflichen Glücksbegehrens nicht billig zu verwerfen ist, dennoch nimmt seine Geschichtsphilosophie trotz der theologischen Terminologie keine Glaubenswahrheit und keine Heilsgeschichte jenseits des Prozesses der Auseinandersetzung des Menschen mit der Natur und mit sich selbst an, ebenso wenig aber einen mit naturhafter Gesetzlichkeit ablaufenden Prozess, der sich über die Faktizität erschließen ließe. Der »freie Himmel der Geschichte«, von dem in der IV. und der XIV. These die Rede ist, hat weder mit dem jüdisch-christlichen Himmel noch mit dem der modernen Naturwissenschaft eine andere als eine bildliche und zugleich bildanalytische Beziehung. Dieser Himmel ist eine menschliche Konstruktion, retrospektive, von »Jetztzeit« bestimmte Selektion und Kombination unter bestimmtem Orientierungsinteresse.

Obwohl daher für Benjamin (im Gegensatz nicht nur zu

Hegel, sondern auch zu Marx) Geschichte kein mit Notwendigkeit ablaufender Prozess ist und folglich auch nicht mit systematischer Geschichtsphilosophie erfasst werden kann, kommt es unter der Herrschaft eines auf der Ausbeutung der Natur und der Funktionalisierung sozialer Beziehungen beruhenden Fortschrittsbegriffs dennoch zu katastrophalen Zwangsläufigkeiten, gegen die das erkennende Subjekt machtlos ist. Was im paradiesischen Ursprung als Hauch, als leiser Flügelschlag des Glücksverlangens begonnen haben mag, ist im Prozess der Zivilisation, in der Verdinglichung der Natur und »einem korrumpierten Begriff von Arbeit« zu einem Sturm geworden. So wird der Engel zur Chiffre einer ohnmächtigen und melancholischen Geschichtserfahrung eines Subjekts, das sich nicht mehr zu dem imstande fühlt, was die Romantiker in der Nachfolge Hamanns dem Künstler noch zutrauten: das Zerschlagene neu zusammenzufügen zum Vorschein einer besseren Welt.

Eine bessere Welt kann bei Benjamin nicht bildlich vorgestellt werden, sondern nur *zwischen* den Dingen, in den Bruchstellen, unsinnlich erfahren werden. Und dennoch oder deshalb ist nichts verloren zu geben. Noch im Jahr 1940, im Zenit der Barbarei, gibt es für Benjamin jene ins Unsichtbare verwandelten »feinen und spirituellen« Dinge, die im Sinne Rilkes im Menschen als Orientierung wirksam werden, die »als Zuversicht, als Mut, als Humor, als List, als Unentwegtheit« jetzt noch lebendig sind und in die Ferne der Zeit als der historischen Konstruktion zurückwirken: »In jeder Epoche muß versucht werden, die Überlieferung von neuem dem Konformismus abzugewinnen, der im Begriff steht, sie zu überwältigen.« Wer solchermaßen an Engel glaubt, wird die Hoffnung nicht aufgeben.

Enthusiasmus ohne Himmel

»Wie Blumen ihr Haupt nach der Sonne wenden, so strebt, kraft eines Heliotropismus geheimer Art, das Gewesene der Sonne sich zuzuwenden, die am Himmel der Geschichte im Aufgehen ist. Auf diese unscheinbarste von allen Veränderungen muß sich der historische Materialist verstehen.«

Raffaels schalkhafte Engel, die zu Symbolfiguren der diesseitigen Himmelssehnsucht der Romantiker werden konnten, sind heute allgegenwärtig: in Kunstgewerbeläden als Reproduktion, Poster oder Postkarte zu haben, einzeln oder zu zweit. Die Madonna mit dem pummeligen Jesusknaben aber fehlt, ebenso wie der hl. Sixtus, die hl. Barbara und das Blendwerk. Den christlichen Himmel hat man den Engelein weggeschnitten. Nun sind die Flügel nur noch Spielzeug aus der Batman-Kollektion. Der Rückweg ist versperrt. Nun heißt es hier bleiben und werden, jeden Tag frische Brötchen kaufen, die Milchallergie aushalten, Widersprüche austragen, Spannungen leben: enthusiastisch sein ohne Himmel.

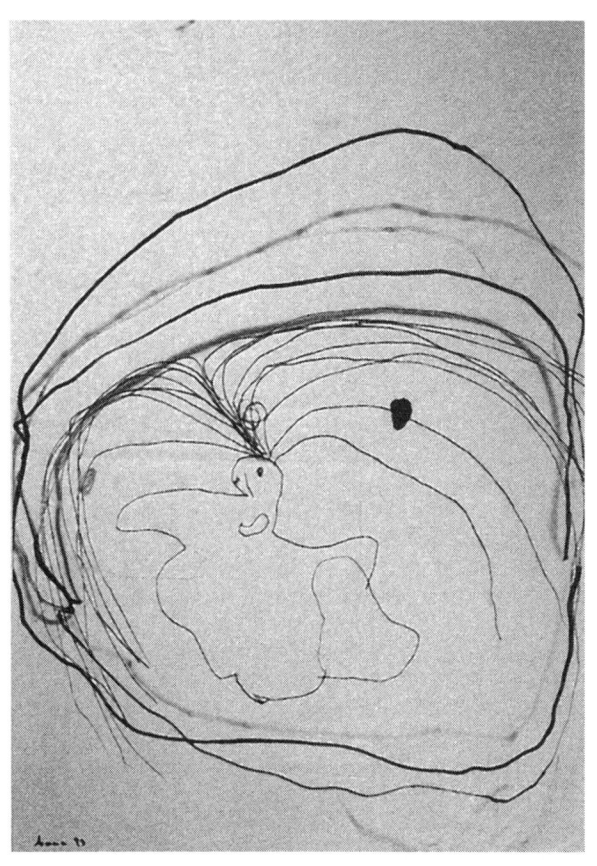

Annas Engel

Literaturverzeichnis

Zum spezielleren Thema Engel vgl. die Angelologische Bibliographie von Michael C. Glasmeier, in: TUMULT, Zeitschrift für Verkehrswissenschaft, Nr. 6, 1983.

Keith Andrews: The Nazarenes. A Brotherhood of German Painters in Rome. London 1964.

Friedmar Apel: Romantische Kunstlehre. Poesie und Poetik des Blicks in der deutschen Romantik, Frankfurt/M. 1992.

Fritz Baumgart: Vom Klassizismus zur Romantik. 1750-1832. Die Maler im Jahrhundert der Aufklärung, Revolution und Restauration. Köln 1974.

ders.: Idealismus und Realismus 1830-1880. Die Malerei der bürgerlichen Gesellschaft. Köln 1975.

Hermann Beenken: Das neunzehnte Jahrhundert in der deutschen Kunst: Aufgaben und Gehalte, Versuch einer Rechenschaft. München 1944.

Wolfgang Beyrodt et al. (Hrsg.): Kunsttheorie und Kunstgeschichte des 19. Jahrhunderts in Deutschland. Texte und Dokumente. 3 Bde. Stuttgart 1982.

Hans Blumenberg: Arbeit am Mythos. Frankfurt/M. 1979.

ders.: Die Lesbarkeit der Welt. Frankfurt/M. 1982.

ders.: Weltzeit und Lebenszeit. Frankfurt/M. 1986.

Gottfried Boehm: Zu einer Hermeneutik des Bildes. In: Seminar: Die Hermeneutik und die Wissenschaften. Hg. v. G. Boehm und H.-G. Gadamer. Frankfurt/M. 1978, S. 444–469.

Helmut Börsch-Supan: Deutsche Romantiker: Deutsche Maler zwischen 1800 und 1850. München 1972.

Martin Bollacher: Wackenroder und die Kunstauffassung der frühen Romantik. Darmstadt 1983.

Norman Bryson: Vision and Painting. London 1983.

Werner Busch: Die notwendige Arabeske. Wirklichkeitsaneignung und Stilisierung in der deutschen Kunst des 19. Jahrhunderts. Berlin 1985.

Kenneth Clark: The Romantic Rebellion. Romantic versus Classic Art. 2. Aufl. London 1976.

Bernard Dieterle: Erzählte Bilder. Zum narrativen Umgang mit Gemälden. Marburg 1988 (= Schriften zur Soziosemiotik und Komparatistik Bd. 3).

Inge Eichler: Die Cervarafeste der deutschen Künstler in Rom. In: Zs. d. Dt. Vereins f. Kunstwissenschaft 31 (1977), S. 81-114.

Christa Franke: Philipp Otto Runge und die Kunstansichten Wackenroders und Tiecks. Marburg 1974.

Marianne Frey: Der Künstler und sein Werk bei W. H. Wackenroder und E. T. A. Hoffmann. Vergleichende Studien zur romantischen Kunstauffassung. Bern 1970.

Werner Hofmann: Das irdische Paradies. Motive und Ideen des 19. Jahrhunderts. 2. Aufl. München 1974.

Jens Christian Jensen: Malerei der deutschen Romantik. Köln 1985.

Eckart Klessmann: Die deutsche Romantik. Köln 1979.

Klaus Lankheit: Revolution und Restauration 1785-1855 (Entwicklungslinien der Kunst von 1780-1855). Köln 1988.

Jürgen Manthey: Wenn Blicke zeugen könnten. Eine psychohistorische Studie über das Sehen in Literatur und Philosophie. München 1983.

Wolfdietrich Rasch (Hrsg.): Bildende Kunst und Literatur. Beiträge zum Problem ihrer Wechselbeziehungen im neunzehnten Jahrhundert. Frankfurt/M. 1970.

Paul Ortwin Rave: Die Malerei des XIX. Jahrhunderts. Berlin 1945.

Friedrich Strack: Die »göttliche« Kunst und ihre Sprache. Zum Kunst- und Religionsbegriff bei Wackenroder, Tieck und Novalis. In: Romantik in Deutschland. Ein interdisz. Symposion. Hg. v. R. Brinkmann. SB der DVjs. Stuttgart 1978, S. 369-391.

Carsten-Peter Warncke: Sprechende Bilder – sichtbare Worte. Das Bildverständnis in der frühen Neuzeit. Wiesbaden 1987.